모나드론 외

La Monadologie

책세상문고·고전의 세계

모나드론 외
La Monadologie

G. W. 라이프니츠 지음

·

배선복 옮김

책세상

일러두기

1. 이 책은 고트프리트 빌헬름 폰 라이프니츠Gottfried Wilhelm von Leibniz의 《이성에 근거한 자연과 은총의 원리*Principes de la nature et de la grâce fondés en raison*》(1714)와 《모나드론*La Monadologie*》(1714)을 우리말로 완역한 것이다.

2. 프랑스어 번역 대본으로는 홀츠H. H. Holz의 편집본 *Leibniz Werke, Opuscules metaphysiques*(Darmstadt : Wissenschaftliche Buchgesellschaft, 1985)를 사용했고, 간혹 방다D. Banda의 인터넷 대본을 참조했다.

3. 주는 모두 옮긴이주다.

4. 주요 인명과 책 제목, 용어는 처음 한 번에 한해 원어를 병기했다.

5. 원서에서 대문자로 강조한 부분은 고딕체로(가장 많이 나오는 신Dieu은 제외), 밑줄 친 부분은 이탤릭체로 표기했다.

6. 맞춤법과 외래어 표기는 현행 규정과 《표준국어대사전》(국립국어연구원)을 따랐다.

모나드론 외 | 차례

　독일의 법학자, 자연과학자, 수학자, 철학자 라이프니츠G. W. Leibniz는 17세기에서 18세기 초까지 살아간 바로크 시대 유럽의 수많은 천재 중의 천재이다. 그는 1712년부터 1714년까지 약 2년 8개월 동안 독일 신성로마제국의 합스부르크 황실 수도인 빈에서 자신의 생애에 가장 중요한 두 편의 편지글을 완성했다. 하나는 오스만튀르크의 군대와 맞서 수많은 전쟁을 치른 장군인 오이겐F. Eugen 왕자에게 헌정한 〈이성에 근거한 자연과 은총의 원리Principes de la nature et de la grâce fondés en raison〉이고 다른 하나는 학자 출신의 장관 르몽N. Remond에게 보낸 〈모나드론La Monadologie〉이다. 1714년에 집필된 이 편지글은 각각 18개와 90개, 모두 108개의 짧은 문장으로 구성되어 있다. 두 편지를 집필한 직접적인 동기는 오이겐 왕자와 르몽의 간청 때문이지만, 실제로는 1672년부터 1676년까지의 파리 체류 시절에 교류하며 지냈던 네덜란드의 물리학자 하위헌스C. Huygens, 프랑스의 신학자 아르노A. Arnauld, 철학자 말브랑슈N. Malebranche와의 사상적 반성의 결과를 자신의 사상으로 정리한 것이었다. 두 저작은 자신을 철학적 멘토로 따르던 프로이센의 조피 샤를로테 왕비의 갑작스런 죽음을 추모하기 위해 1710년에 발표된 신을 변호하는 이론을 담은 《변신론*Théodicée*》의 후속 결정판이기도 하다.

〈모나드론〉이 나온 먼 배경은 프랑스의 백과전서파 문헌비평가 베일P. Bayle이 《역사 문헌비평사전*Dictionnaire Historique et Critique*》의 '로라리우스Rorarius' 조항에서 라이프니츠의 예정조화 이론을 소개하고 유럽 최고의 지성인에게 개와 인간의 영혼의 차이와 관련해서 던진 공개질문에 대한 공개적 논쟁과 관련이 있다. 라이프니츠는 1698년 독일 하노버 근처의 사냥터에서 베일의 공개질문을 접수하였다. 그후 그는 샤를로테 왕비가 1705년 베를린의 뤼첸부르크 궁성에서 젊은 나이로 죽을 때까지 그녀와 더불어 이 주제를 다루었다. 개와 인간 영혼의 민감한 차이가 바로크 시대의 귀족여성의 철학 살롱의 단골주제가 되면서 라이프니츠는 당시에 토론된 이 주제의 자료들을 정리하여 암스테르담에서 익명으로 《변신론》이라는 책으로 출간했다. 〈모나드론〉의 중요한 대목에 《변신론》의 많은 부분이 인용된 것도 그것에 《변신론》과 더불어 몸과 마음의 통일에 대한 예정조화 철학의 공동방어 전선이 형성되어 있기 때문이다. 철학 살롱의 귀족여성들이나 지적인 대중은 까다롭고 어려워 보이는《변신론》의 보다 더 대중적인 버전의 출현을 기대하였다. 이 점에서 〈모나드론〉은《변신론》의 요약본이라 할 수 있는데 어려워 보이는 것은 마찬가지인 것 같았다. 하지만 이 책을 선물로 헌정받은 오이겐, 또는 프랑스어 이름으로 프랑수아 외젠 François-Eugène de Savoie-Carignan 왕자는 이 책을 금고에 넣어두고 볼 때마다 입 맞추며 읽었다고 한다.

〈이성에 근거한 자연과 은총의 원리〉와 〈모나드론〉의 중요한 키워드는 예정조화와 모나드이다. 모나드 개념은 당대 학계를 주름잡던 데카르트R. Descartes와 데카르트주의자들이 사용하던 사유와 연장의 실체에 대한 통합기능을 갖는다. 모나드를 번역한 '단자單子'는 뉴턴I. Newton 역학의 기계론적 원자原子 개념과 대비를 이룬다. 물질을 쪼개고 쪼개 더 이상 분리할 수 없는 마지막 최소 단위가 무엇이냐고 말하면 누구라도 어렴풋이나마 원자를 이해하고 깨달을 수 있다. 원자는 눈에는 보이지 않아도 존재하는 어떤 것이라고 생각할 수 있다. 사람들은 역사적 사실로서 20세기에 원자폭탄이 2차 세계대전을 종식시켰다고 생각하기까지 한다. 사유와 연장에 의한 원자의 물리적 힘이 무엇인지 생각하면 모나드의 대비적 의미가 더욱 분명해진다. 뉴턴 물리학 이래 우주에 존재하는 물리적인 힘이란 바로 물질적인 힘을 의미했으며, 20세기 초 양자론에 의해 고전역학의 기초가 밑바닥까지 흔

들렸음에도 불구하고 그러한 생각은 여전히 통용되고 있다. 이에 라이프니츠는 우주에 실재하는 진정한 힘은 과학에서 추구하는 물리적 힘이 아니라 정신적 힘이라고 보았다. 이러한 힘은 보이는 것만 있고 보이지 않는 것은 없다고 하면 찾아내기 어렵다. 사람의 마음이나 영혼 또는 자신을 낳아준 부모님과 조상의 영혼을 생각하면 어느 정도 그러한 힘을 경험적으로 추측할 수 있다. 이 점에서 모나드는 고대 그리스에서 피타고라스가 만물을 수數로 규정한 생각이나 우주에는 근원적·신비적인 도덕적 힘이 있다고 보는 동양의 오랜 정신세계의 생각에 더 친화적이다.

모나드는 부분이 없이 단순하면서도 복합적인 전체를 구성하게 하는 정신적인 힘이라 해도 보이지 않는 추상적 사유의 단위에만 머무르는 것이 아니다. 우리는 만물들 사이에 최적과 최소와 최상의 상호소통이 일어날 때 최소한 그가 속한 하나의 물체의 표상으로 모나드를 상정할 수 있다. 이때 볼 수 있고 이때 보이는 것은 물리적인 힘이라고 말할 수 있다. 예정조화란 미리 정해진 조화로 가시적인 상태와 비가시적인 상태에서 보이는 것을 볼 수 있을 때 알 수 있다. 시험문제의 답이 무엇인지는 아프리오리a priori하게 모르지만 해답을 알고 난 뒤에는 정답이 무엇인지 아포스테리오리a posteriori하게 아는 지성의 연산은 예정조화의 인지상태에 해당한다.

예정조화의 지식은 알 수 있는 것이 알려지게 되는 피드백과 같다. 미시에서 거시까지, 천지만물은 작은 사물 모나드의 이러한 표상의 등급과 대상과의 인지적 일치 정도에 따라 식물적 단계나 동물적 단계나 또는 이성적 단계로 고양되는데 〈모나드론〉은 이를 다루는 역동적 힘의 예정조화 형이상학 이론이다.

라이프니츠는 물질에 토대를 둔 물리적 힘에 대립되는 정신에 토대를 둔 힘을 모나드라고 명명했다. 그는 이 힘을 움직이는 원리를 현대적인 의미에서 의지 또는 욕망이라고 일컬었다. 그는 모나드의 욕망의 기능 때문에 뉴턴 역학과 뉴턴의 자연철학을 액면 그대로 계승하여 경험론을 정립하려한 로크J. Locke의 감각주의를 매우 경계했다. 뉴턴의 기계론적 원자론을 따르는 유물론적 감각주의가 단순 모나드 또는 짐승 단계의 지각에 머무르는 전라全裸 모나드에서 신성의 퇴락頹落이라는 인식론적 위험성을 가져올 수 있기 때문이다. 오늘날의 의미에서 로크를 향한 라이프니츠의 비판은 현대 물질문명의 각종 폐해와 기계론적 역학에 의해 지배되는 삶에서 말초적인 감각경험으로 소모되는 인간본성에 놓인 감각주의의 위험성의 경고를 담고 있다. 감각에 없는 것은 지성 안에도 없다는 인식론의 격률은 아리스토텔레스에서 비롯되었고 파리대학의 아퀴나스에서도 이어지고 옥스퍼드 대학 전통에서도 토론되어온 것이다. 이것은 17세기 로크 인식론의 중심에 놓여 있었다. 오늘날 많은 대한민국 대학의 신입생환영회에서도 이러한 아리스토텔레스의 인식론의 격률은 기꺼이 받아들이고 있다고 할 수 있다. 라이프니츠는 이 인식론의 원칙을 거부하지 않았지만 한 걸음 더 나아가 지성 자체는 모나드의 지각이 통일하는 존재영역 전체를 통틀어 살아 있어야 한다고 보았다. 감성이 사람의 마음을 움직이고 감동시키며 지성은 차가운 힘이라는 점에는 동의할 수 있다. 하지만 라이프니츠는 모나드가 물질과 정신의 조화를 유지하는 상관개념으로서 더 높은 지각 단계로 상승하는 지성의 힘을 갖는 것으로 파악한다. 곧 감각 지각에서 지성의 역할이 중요하다. 물질적 현상세계에 작용하는 가시적이고 구체적인 원자의 힘에 못지않게 근본적으로 더 중요한 것은 더 높은 단계로 상승하는 모나드의 지각, 지성의 힘, 곧 정신적 힘이다. 곧 모나드는 만물을 물질적 원자가 아닌 정신적 실체로 보여주는 자연의 참된 원자다.

모나드 세계에는 지각知覺, Perception과 통각統覺, Apperception이라는 두 가지 인식론적 작동 원리가 있다. 모든 모나드는 이를 통해 존재론적으로 최종적인 완전현실을 향해 간다. 모든 모나드가 서로 충돌하지 않고 완전현실로 나아가는 까닭은 모나드의 내적 변화에 의거해 각각의 모나드가 자신의 고유한 지각통일을 이루어가기 때문이다. 말하자면 인간은 누구나 제 갈 길을 찾아서 가며 물어도 답변을 들을 수 없을 것이다. 새벽녘에는 희미하던 빛이 해가 뜨면서 차츰 밝아지고, 저녁이 되면 해가 지면서 어두워진다. 모나드의 지각단위도 반복해서 밝아지거나 어두워진다. 모나드의 지각단위는 구조적으로 각각 어두움[暗]이라는 음陰과 밝음[明]이라는 양陽의 증식이 반복·중첩되는 과정에 있다. 이는 0과 1을 사용하는 컴퓨터의 연산방식이나 주역의 음양소식陰陽消息 과정과 산술적 구조적으로 동일하다.

라이프니츠는 이러한 세계의 속성을 두고 "신이 계산하면, 세계가 생겨난다"고 말한다. 신의 계산에 의한 모나드 세계는 삼라만상이 빈틈없이 연결된 유기체적 세계다. 자연에 대한 유기체적 모나드 지각은 반성적 통각에 의해 새로운 물질의 경계를 만들어간다. 잘 준비되고 안착된 새로운 물질의 경계에는 모나드의 통각작용에 의한 현상이 정초되어 있다. 모든 모나드는 자신의 방식으로 전 우주의 삼라만상을 표상하며, 과거와 현재 그리고 미래를 관통하는 상像을 담고, 각 모나드는 외적 대상 세계를 비추기도 하고 비추어지기도 하는 거울이기 때문이다.

모나드 세계는 무한상상이 가능하게 펼쳐지는 예정조화의 총체로 있다. 이성적 존재자는 모나드가 어떻게 변화하고 있으며 앞으로 어떻게 변화할지 알 수 없다. 모나드 체계에 들어가는 창문이 없다. 우리는 거실에서 서재로 왔다 갔다, 집에서 학교 혹은 회사로 왔다 갔다, 여행하러 어디론가 왔다 갔다 한다. 멀리서 누구를 쳐다보고 가까이에서 지나치는 일, 가벼운 부딪침에서 분주한 활동에 이르기까지 모든 일을 파헤치는 것은 분명히 지각한계를 지닌다. 우리는 우리의 인식의 확장이 어디까지 나갈지는 세세하게 알 수 없다. 라이프니츠는 케플러 J. Kepler 논의를 빌림으로써 모나드 세계를 작용원인과 목적원인이 함께 내재한 영적인 존재와 목적이 충만한 도덕국가로 파악한다. 케플러는 실제로 《구약성서》 〈시편〉 19장 1절의 "하늘이 하나님의 영광을 선포하고 궁창이 그의 손으로 하신 일을 나타내는" 것을 믿었다. 몸에 작용원인이 있다면 마음에는 목적원인이 있어서 모나드 지각은 양자의 통합으로 나아간다. 신앙의 고유영역이었던 은총이 이성에 근거한 자연계로 들어갈 때 뛰어난 정신들은 자연을 창조한 신의 작품을 이해한다. 몸과 마음이 통일된 인간은 하나의 모나드이다. 하나의 모나드라도 모든 모나드와 구조적으로 동일하기 때문에, 하나의 모나드가 다른 모나드를 비추면, 반대로 다른 모나드도 또한 그 모나드를 비추는 것이 타당하다. 신이나 신과 유사한 존재자는 이러한 모나드 관계를 지각하고 모나드의 변화를 예지할 수 있다.

라이프니츠는 우리가 경험하고 마주치는 일상세계나 모나드 세계에는 모든 사건에 필연적인 이성의 진리와 우연적인 사실의 진리가 교차한다고 한다. 모나드의 지각단계에서 전자는 아프리오리하게 아는 진리이고 후자는 아포스테리오리하게 알려지는 진리에 속한다. 모나드는 필연적 지식과 우연적 지식으로 끊임없이 시간과 공간의 질서를 만들어내기 때문이다. 말하자면, 푼수가 정원에서 책을 읽고 있는데 머리 위로 사과가 떨어질 때, 그가 머리가 아프다고 감각하는 것은 아포스테리오리 한 우연적인 사실이다. 그러나 이 사실을 통해 도출되는 것은 아프리오리한 필연적 이성이다. 사과가 머리까지 떨어지는 지각과 머리에서 나무까지 거슬러 올라가는 통각, 밀려오는 파도의 지각과 쓸려가는 파도의 통각은 달과 지구 사이의 인력이다. 모나드에서는 지각과 통각이 동일하다.

많은 철학자들은 모나드의 두 가지 근본 작동원리로서 은총에 해당하는 지각과 이성에 해당하는 통각을 서로 다르게 해석하고 평가했다. 모나드 내면이 지각이고 외면은 통각이라면 두 원리는 동전의 양면을 이룬다. '지각'이 욕구 또는 욕망이라는 말과 동의어로 사용되는 한에서 모나드 내면이 순수한 상태를 함축하는 정적 규정이라면, 외면은 일정한 지각 이동의 방향을 갖는다. 곧 양자는 하나의 지각과 마찬가지다.

칸트I. Kant는 《순수이성비판Kritik der reinen Vernunft》과 《실천이성비판Kritik der praktischen Vernunft》에서 모나드의 두 측면을 과학과 도덕의 요구로 파악하고, 그 두 측면을 《판단력비판Kritik der Urteilskraft》에서 통합했다. 헤겔F. Hegel은 모나드를 진보로서의 자기의식Selbstbewusstsein으로 기능하는 것으로 보았고, 쇼펜하우어A. Schopenhauer는 모나드 철학의 핵심을 '의지Wille'로 파악했으며, 니체F. Nietzsche는 '권력의지Wille zur Macht'로 표현했고, 정신분석학자 프로이트S. Freud

는 단순 모나드의 '미세지각petite perception'을 '무의식Unterbe-wusstsein'이라는 용어로 수용했다. 비트겐슈타인L. Wittgenstein 은 모나드 지각의 앙상블을 경우의 총체에서 파악했으며, 들뢰즈G. Deleuze는 모나드 지각을 자본주의의 거대한 욕망 기계로 해석했다. 칸트, 헤겔, 쇼펜하우어, 니체, 프로이트, 비트겐슈타인, 들뢰즈 등이 사용한 순수이성·실천이성·판단력·자기의식·의지·권력의지·무의식·경우 등의 용어들은 현대철학에서 모나드 세계의 핵심적인 요구사항으로 거듭나고 있다.

현대인은 어느 한 철학이 다른 한 철학에 요구하는 보편주의를 더 이상 좋아하지 않으며, 언어분석의 결과가 삶에 어떤 지혜나 열매를 가져다준다고 여기지 않는다. 전 세계 각 대륙에는 나름대로 전래된 지각 형식과 전통적인 사유의 역사가 있다. 모나드 철학의 의미에서 지각의 등급은 인정할 수 있을지언정 지식 자체는 감각지각에 독립적으로 존재한다. 유일하게 과학만이 지식 자체의 길을 제시하고 학문의 길을 갈 수 있을 것이다. 철학은 다만 각자의 위치에 따라 세계를 보는 전망주의 시각을 따라가는 욕망에 대한 지혜의 해답을 좇으며 위안이나 치료의 언어만을 전달할 수 있을 뿐일 것이다. 종교적 진리와는 달리 철학은 지각이 어떻게 완전성을 향해 나아가는지 매 순간마다 알 수 없다고 염려하고 불안해한다. 라이프니츠는 삶의 부단한 전진과 후퇴과정에서 계속 나아가는 근대의 기계론적 세계관의 물질적 욕망에 낙천주의라는 옷을 입혔다. 욕망이 한곳에 질료적으로 고착되면 더 이상 세계의 발전은 없다. 라이프니츠는 모나드 욕망이 후퇴를 모르고 계속 나아가는 것을 궁극적인 소망세계에 도달하라는 이성의 천명으로 해석한다. 모나드 지각이라는 배가 최상의 완전성이라는 희망을 향해 항해한다. 현실주의자는 매 순간의 세계가 최상일 때 더 이상은 세계가 나빠지지 말아야 하기 때문에 다음 순간의 항해는 최악의 좌절로 해석되어야 한다고 한다. 두 입장은 공통점으로 출항出航에서 정박碇泊까지 모나드 지각을 결코 물질적이 아닌 정신적 본질의 약속으로 전제한다. 라이프니츠는 우리의 진짜 사유 현실은 무지개라는 질료를 보는 순간과 같다고 보았다. 근대 철학의 아버지의 '생각하므로 존재하는 사유'의 항해는 라이프니츠의 질료에 대한 모나드 지각의 반성작용으로 찬란한 일곱 색깔의 무지개를 보는 약속에서 닻을 내릴 수 있을 것이다.

이 두 저작의 프랑스어 원문은 하노버 라이프니츠 문고 도서관에 한 편의 원본, 두 편의 필사본 그리고 빈의 국립 도서관에 모두 네 편이 보존되어 있다. 오늘날 '모나돌로지La Monadologie'라는 명칭은 1720년에 독일의 법학자 쾰러J. Köhler가 독일어로 처음 번역하면서 "Lehrsaetze über die Monadologie……"라는 긴 제목에 달린 키워드를 딴 데서 비롯되었다. 그 뒤 1840년에 에어드만J. E. Erdmann이 원문을 편집했고, 1885년에 게하르트Gehardt가 라이프니츠 전집 6권에서 다시 편집했다. 프랑스어 대본은 1881년 부트루E. Boutroux가 처음으로 편집했고, 1954년 로비네A. Robinet가 그동안의 4가지 대본을 면밀하게 대조해 편집 출간했다. 우리나라에서는 1984년 원광대 출판부에서 정종·최재근 교수가 프랑스어·독일어·영어를 나란히 대조하여 《라이프니쓰와 단자형이상학》으로 번역 출간한 적이 있다.

2013년 개정판 번역문의 해설과 주에서 불확실하거나 이해가 되지 않거나 미진했던 부분은 이 기회에 바로잡고 새롭게 첨삭하였다. 이 책은 건축 수학 물리학 자연과학분야뿐만 아니라 문화 예술 역사 심리학 종교 등 다양한 분야의 대상을 모나드로 읽어내는 시각을 제시한다. 이 책을 통해 한두마디로는 도저히 표현될 수 없는 모나드 지각의 힘이 우리 삶의 다양한 분야의 원동력이 되기를 희망한다.

옮긴이 배선복

이성에 근거한 자연과
은총의 원리

§1. 실체는 활동할 수 있는 하나의 존재다. 이것은 단순하거나 합성되어 있다. 단순*실체*는 부분을 갖지 않는 존재자다. 합성된 것은 단순실체들의 집합이거나 모나드들이다. 모나스 Monas는 통일 또는 하나를 뜻하는 그리스어다. 합성된 것들은 다수성을 지닌다. 단순실체, 살아 있는 것, 영혼들 또는 정신들은 통일성을 지닌다. 단순실체 없이는 복합실체도 없기 때문에, 도처에 단순실체가 있어야 한다. 따라서 전체 자연은 풍요로운 생명으로 가득 찼다.[1]

§2. 모나드는 부분을 갖지 않기 때문에 생성되거나 소멸될 수 없다. 당연히 그들은 시작할 수도 끝날 수도 없다. 모나드는 변화하기는 하지만, 파괴될 수 없는 우주처럼 오랫동안 지속된다. 모나드는 형태를 가질 수 없다. 형태가 있다는 것은 부분을 가졌다는 것을 전제한다. 따라서 하나의 모나드를 그 자체로서 그리고 한 시점에서 이해하자면, 그 모나드는

오직 그의 내적인 질과 상호활동에 의해서만 하나의 다른 모나드와 구분된다. 이들은 (말하자면 합성된 것의 표상이거나, 또는 단순한 것에서 외부에 있는 것에 대한) 지각들이다. 그리고 이들의 욕구는 변화의 원칙(말하자면 하나의 지각에서 다른 하나의 지각으로 나아가려는 지향으로서의 성향)과 다르지 않다. 실체의 단순성은 바로 동일한 이 단순실체 안에서 발견되어야 양태의 상이한 다수성을 방해하지 않고 그리고 그들은 그들 외부의 사물들과 관계의 다양성에서 존립해야 하기 때문이다. 이것은 하나의 중심점과 같다. 그것은 아주 단순하게 있어서, 거기에서 선이 형성되므로 하나의 무수한 각을 발견하는 것과 같다.[2]

§3. 만물은 자연 안에 꽉 찼다. 자연에는 도처에 끊임없이 그들 상호 간의 비율을 변화시키는 적절한 활동에 따라 사실적으로 구분되는 단순실체들이 있다. 그리고 모든 단순실체나 선별된 모나드는, (예를 들어 하나의 동물에서처럼) 하나의 복합실체의 중심에서 그 자신을 통일성의 원칙으로 만들고 무수한 다른 모나드로 합성된 하나의 질량에 둘러싸인다. 이러한 것들은 정서에 따라, 중심을 따라 (무수한 선분들과 각을 만드는 것과 같은 방식으로) 그들의 외부에 놓인 사물들을 표상하는 모나드의 고유한 몸을 형성한다. 그리고 만약 이 몸이 주의를 기울여 전체뿐 아니라 아주 작은 부분까지 알아차

릴 수 있는 기계라면, 일종의 자동기계 또는 자연기계라면, 그 몸은 유기적이다. 만물은 세계의 충만으로 연결되어 있고, 모든 몸은 다른 몸과 거리에 따라 작용하고 또 그것에서 반작용하기 때문에, 모든 모나드는 자신의 방식으로 우주를 표상하고 또한 우주 자신처럼 통제되어 있는 하나의 생생하고도 내적인 활동 능력이 있는 거울이다. 모나드 안에 있는 지각들은 규칙적이든 불규칙적이든 지각에 존립하는 상호 간에 일어나는 욕망의 법칙이나 선과 악에 대한 최종원인에 따라 생겨난다. 몸의 변화와 그의 외적인 현상들은 작용원인, 말하자면 운동법칙에 따라 생겨나는 듯하다. 그래서 모나드의 지각과 몸의 운동 사이에는 처음부터 작용원인 체계와 목적원인 체계 사이에 예정되어 있는 완전한 조화가 있다. 또한 거기에는 하나가 다른 하나의 법칙을 변경하지 않고 일어나는 영靈육肉의 일치와 물리적 합일이 있다.[3]

§4. 각 모나드는 하나의 몸과 별도로 살아 있는 실체로 만들어진다. 그래서 도처에 구성요소들과 조직은 생명으로 연결되어 있다. 나아가 모나드 사이에는 어떤 것이 다른 어떤 것을 지배하는 무수히 많은 지각 등급이 있다. 만약 하나의 모나드가 그의 조직이 수용하는 인상에서 현저한 차이를 드러내고 따라서 이 인상에서 다시 지각들에 설정된 목적에 합당한 조직을 갖춘다면, 이것은 의식되는 감정을 지닌다. 요컨대 이

것은 하나의 기억을 수반하는 지각에 이르기까지(예를 들어 눈물이라는 액체를 매개로 빛의 광선이 집중되고 빛의 강도에 시력이 적응하는 것처럼) 즉, 시지중時之中의 청취聽取를 위해 일정 시간 동안 일정한 반향에 머무르는 것을 말한다. 모나드를 하나의 영혼이라고 일컫듯 이런 종류의 생명체는 하나의 동물이라고 일컫는다. 그리고 이 영혼이 이성으로 들어 올려진다면 그는 어떤 높은 것, 쉽게 말하자면 정신으로 여겨진다. 실제로 동물들이 때로는 단순한 생명체 단계에 머물러 있고 그들 영혼이 단순 모나드의 상태에 있는 이유는, 숙면이나 실신 상태에서 기억을 하지 못하는 것처럼 그들의 지각이 충분히 작동하지 못하기 때문이다. 그러나 이처럼 혼동된 지각은 §12에서 설명되는 것처럼 다시 동물들에게서 재현된다. 그래서 외부 사물을 표상하는 모나드의 내적 상태를 말하는 지각과 이러한 내적 상태의 의식이나 반성적 인식을 말하는 통각을 구분해야 한다. 후자의 인식은 모든 영혼에 있는 것이 아니며 한 영혼에도 언제나 있는 것은 아니다. 그러나 사람들이 이 지각들을 구분하지 않았기 때문에 마치 단순한 대중이 더 이상 감각을 갖지 못한 몸들을 고찰에서 제외시키듯이 데카르트주의자들은 자신들이 의식하지 못하는 지각들을 아무것도 아니라고 여기는 실수를 저질렀다. 또한 데카르트주의자들은 정신만이 모나드이고, 짐승들의 영혼은 없으며, 여전히 다른 생명의 원칙은 없다고 믿었다. 그들은 한편으로는 동물에게 감정이 없다고 봄으로써 대중적인 견해와 충돌했다. 그러나 다른 한편으로는 이와 정반대로 하나의 커다란 지각의 혼란에서 일어나는 장기간의 혼수상태를 엄밀한 의미에서 모든 지각이 정지되는 죽음과 혼동함으로써 대중적인 선입견에 지나치게 영합했다. 이로써 그들은 몇몇 영혼은 파멸된다는 잘못된 주장을 낳은 가정을 만들었고, 또한 우리의 영혼이 불멸하다는 주장에 대항한 몇몇 자유사상가의 부패한 견해를 강화시켰다.[4]

§5. 동물들의 지각에는 이성적 추론과 비슷한 지각들의 상호연합이 있다. 그러나 이 상호연합은 *사실*이나 결과의 기억만 갖고 있을 뿐 결코 원인의 인식에는 자리 잡혀 있지 않다. 개가 얻어맞았던 몽둥이를 보고 피하는 이유는 몽둥이에 관련된 기억이 개로 하여금 자신에게 일어났던 고통의 표상을 불러일으키기 때문이다. 경험론주의자에 따르면 인간 행위의 4분의 3은 동물과 비슷하다. 예를 들어 사람은 늘 그렇게 경험했기 때문에 내일이 오리라고 기대한다. 오직 천문학자만이 이것을 이성에 근거해 예견한다. 그리고 이 예견 자체는 만약 오늘 하루의 존재이유가 영원하지 않고 중지된다면 언젠가는 결국 거짓이 되리라는 것이다. 그러나 *참된 이성추론*은 의심할 수 없는 관념들을 결합하여 오류에 빠지게 할 수 없는 결론에 도달하게 하는 논리학·수학·기하학의 진리처럼

필연적이거나 영원한 진리에 의존한다. 그러한 논리적 귀결을 생각할 수 없는 동물을 *짐승*이라고 부른다. 이러한 필연적인 진리를 인식하는 자들은 본래적인 의미에서 *이성적 동물*이라고 부르며 그들의 영혼을 *정신*이라고 부른다. 이러한 영혼은 반성적 행위를 할 수 있으며, 나·실체·모나드·정신이라고 부르는 것은 한마디로 비물질적인 대상과 진리를 생각할 수 있다. 그리고 이것 때문에 우리는 과학이나 논증적 지식을 다룰 수 있게 된다.[5]

§6. 근대인의 연구는 우리에게 잘 알려진 생명체 즉 동식물들이 고대인이 믿었던 대로 부패 과정이나 카오스에서 생겨난 것이 아니라 *선先*형성된 정자와 기존 생명체의 변형에서 생긴다는 것을 보여주었다. 그리고 이성이 이를 확증했다. 대형동물의 정자는 소형동물을 포함한다. 이들은 수정受精 과정을 거쳐 탄생이라는 더 넓은 단계로 넘어가고 대형동물의 번식을 위하여 그들 자신의 것을 만들고 그들의 영양을 취하므로 성장하는 수단이 제공되는 표피를 입는다. 이성적이지 못한 정액동물의 영혼이 만약 수정을 통해 인간본질로 들어선다면 이성적인 동물이 된다는 것은 사실이다. 또한 일반적으로 동물들은 수정이나 생산에서 전적으로 새로 생겨나지 않듯이 우리가 죽음이라고 부르는 사건도 예외일 수 없다. 왜냐하면 자연적으로 시작하지 않은 것은 자연의 질서에

따라 끝나지도 않는 것이 이성에 합당하기 때문이다. 만약 그들이 그들의 가면이나 옷을 벗으면 그들은 더 큰 무대에서처럼 감각적으로 갖춰져 있고 또한 철저하게 잘 조절되므로 하나의 더 섬세한 무대로 되돌아간다. 내가 대형동물과 관련해 말했던 것은 정액동물의 생산과 죽음에도 해당된다. 대형동물은 크기 면에서 자신보다 몸집이 작은 정액동물에서 성장했다. 자연에서는 만물의 생명이 무한하기 때문이다. 그래서 영혼뿐 아니라 동물 또한 생성될 수 없으며 파괴될 수 없다. 이들은 오직 전진하고 후퇴하며 외피를 입고 벗으며 변형된다. 영혼은 결코 몸에서 분리되지 않는다. 그리고 하나의 몸은 그와 전혀 다른 하나의 새로운 몸으로 전이하지 않는다. 그래서 그들에게 *형태변화*는 있으나 *영혼전이*는 없다. 동물들은 부분만을 변경하며 어떤 것은 받아들이고 어떤 것은 포기한다. 이는 영양섭취과정으로 대개 점진적으로 그리고 아주 알아차리기 어려운 작은 부분에서 끊임없이 일어난다. 간혹 일시에 명백하게 알아차릴 수 있게 일어나기도 하지만, 한꺼번에 많은 부분이 생겨나거나 사라지는 수정이나 죽음은 한순간에 일어나지 않는다.[6]

§7. 지금까지 우리는 단순히 *자연과학자*로서 말했다. 지금 우리는 통상적으로 아주 덜 적용되었던 *대원칙* 즉, 충족이유율에 따라 스스로를 형이상학 수준으로 높여야 한다. 이 원칙

은 충족이유 없이는 아무것도 일어나지 않는다는 것이다. 말하자면 충족이유율은 사물을 충분히 아는 자에게는, 왜 이것이 이렇게 존재하고 다르게 존재하지 않는지 충분한 이유를 규정하는 것이 불가능하다면 아무것도 일어나지 않는다는 것이다. 이 원칙이 정해지면, 가능한 첫 번째 질문이 생긴다. 도대체 왜 어떤 것은 있고[有] 무無는 없는가? 무는 어떤 것보다 더 단순하고 쉽다. 사물이 존재해야 한다고 가정하면, *왜 사물이 있는 대로 이렇게 존재해야 하고 다르게는 존재하지 않아야 하는지*에 대해 근거를 설명할 수 있어야 한다.[7]

§8. 그러나 지금 사람은 우주 존재의 충족이유를 우연적 사물의 잇달음, 말하자면 물체와 그에 대한 영혼들의 표상의 잇달음에서 찾을 수는 없다. 왜냐하면 질료는 그 자체로 운동과 정지 또는 다른 일정한 종류의 운동에 대해 무차별적이기 때문이다. 거기에서는 운동근거도 또 다른 하나의 특정한 운동도 발견할 수 없다. 그리고 질료에 있는 현재 운동이 앞선 운동에서 나오고 이 운동 역시 다시 하나의 앞선 운동에서 나온다 할지라도, 원하는 대로 계속 그렇게 나아갈 수는 없을 것이다. 왜냐하면 동일한 질문이 항상 남기 때문이다. 그래서 더 이상 다른 근거가 필요하지 않은 충족이유는 우연적 사물의 잇달음 밖에 놓여야 하고 그의 원인이나 그 자체로 존재 근거를 지닌 하나의 필연적 존재인 실체에서 발견되어

야 한다. 그렇지 않으면 거기에서 잇달음을 종식할 수 있는 충족이유를 찾을 수 없을 것이다. 이런 사물의 최종근거를 신이라고 부른다.[8]

§9. 이 단순하고 근원적인 실체는 작용하고 있는 피조 실체들에 포함된 완전성을 탁월한 방식으로 포괄해야 한다. 그래서 그는 완전한 척도에서 권능·지식·의지를 갖는다. 말하자면 그는 전능하고 전지하며 자비롭다. 아주 일반적으로 정의는 지혜와 일치하는 재화이므로, 신 안에는 최고의 정의가 있어야 한다. 신을 통해 사물들을 존재하게 하는 근거는 사물들을 신으로부터 그들의 존재와 존재 작용에 의존하게 한다. 그리고 신에게서 자신들에게 일정한 완전성을 부여하는 것을 끊임없이 얻어낸다. 그러나 사물들이 불완전한 상태에 머무르는 것은 피조물의 본질적이고 근원적인 제한성에서 비롯되는 일이다.[9]

§10. 우리는 이와 같은 신이 가진 최상의 완전성에서 신이 우주를 생성할 때 최고의 질서에서 최대의 가변성을 만드는 가능한 한 최상의 계획을 선택했다는 것을 알 수 있다. 우주는 시간과 공간이 최선으로 이용되고 가장 단순한 수단으로 최대의 효과를 내는 곳이다. 또한 우주에 허용될 수 있는 최대의 권능, 최선의 지식, 최대의 행복, 최대의 재화가 피조물에

게 주어진 곳이기도 하다. 가능한 한 만물은 한 신의 지성에서 완전성에 비례해 현실에 도달하려 하기 때문에 이런 모든 노력의 결과는 가능한 한 가장 완전한 현실세계여야 하는 것이다. 이러한 전제 없이는 왜 이 사물이 다르지 않고 이렇게 경과되었는지 근거를 고시告示할 가능성이 없다.[10]

§11. 무엇보다 신의 최상의 지혜는 신이 우주를 최적으로 생겨나게 했고 대부분 추상적이거나 형이상학적인 근거들과 일치하는 *운동법칙*을 선택하게 했다. 그에 따라 충족적이고 절대적인 힘이나 활동량, 작용하는 힘이나 반작용과 관련된 동일한 운동량 그리고 최종적으로 방향을 갖는 동일한 힘의 양이 유지된다. 그 밖에 작용과 반작용은 끊임없이 동일하며 전체 결과는 언제나 그의 모든 원인과 같다. 근대인이 찾았고 우리 자신도 일부 찾아낸 우리 시대에 발견된 운동법칙에 대한 근거를 *작용원인*이나 질료의 배타적인 고찰을 통해 고지할 수 없다는 것은 이상하다. 요컨대 나는 근대인은 목적원인으로 돌아가야 하고 이 법칙들은 논리적·산술적·기하학적 진리처럼 필연성의 원칙에 의존하는 것이 아니라 *적합성의 원칙*, 말하자면 지혜를 토대로 규정된 하나의 선택에 의존한다는 것을 인식했다. 이 문제를 심층적으로 파고들려는 자들에게는 가장 효과적이고 통찰력 있는 신 존재의 증명이 놓여 있다.[11]

§12. 또한 창조자의 최상의 완전성에 따르면 전 우주의 질서는 있을 수 있는 가장 완전한 것일 뿐 아니라 창조자의 관점에 따라 전 우주를 표상하는 살아 있는 거울이라는 것으로 귀결된다. 말하자면 모든 모나드, 모든 실체적 중심은 최선의 방식으로 그의 지각과 욕망을 조절해야 하고, 그래서 그것이 나머지 만물과 양립하게 해야 한다는 것이다. 그러므로 더 나아가 영혼, 말하자면 모든 것 가운데 가장 뛰어난 지배 모나드 또는 오히려 죽음이나 다른 사고로 혼수상태에 빠진 동물들은 틀림없이 다시 깨어날 것으로 귀결된다.[12]

§13. 최상의 지혜와 재화만이 더욱 완전한 조화를 만들 수 있으므로 만물은 최상의 가능한 질서와 일치하는 사물들에서 한꺼번에 조절되고 있다. 현재는 미래를 잉태하고 미래는 과거에서 읽을 수 있고 멀리 떨어진 것은 가까이 있는 것에서 표현된다. 사람은 시간과 더불어서만 느낄 수 있는 만물의 주름 펼침에서 우주의 아름다움을 인식할 수 있다. 그러나 모든 판명한 지각은 영혼에 의해 전 우주를 그 자체에서 감싸는 무수한 혼동된 지각을 포괄하기 때문에 영혼은 판명하고 의식으로 고양된 지각을 가지고 있을 때만 사물들을 인식할 수 있다. 완전성은 그들의 판명한 지각의 척도에 따라 영혼에 들어온다. 모든 영혼은 무한과 만물을 인식하지만 혼동된 방식으로 인식한다. 이것은 내가 해변을 산책하며 바

다가 만들어내는 큰 소리를 들을 때 전체 파도소리에는 세부적인 별도의 파동이 구분되지 않고 모두 합성되어 있는 것과 같다. 우리의 혼동된 지각들은 전체 우주가 우리에게 만드는 인상들의 귀결이다. 이것은 모든 모나드의 경우에도 동일하다. 신만이 유일唯一하게 만물을 판명하게 인식한다. 신은 만물의 근원이기 때문이다. 사람들이 신은 어디에서나 중심점이며 신의 주변은 어디에도 없다고 말한 것은 옳다. 왜냐하면 만물은 중심점인 신에게서 멀어지지 않고 직접적으로 현존하기 때문이다.[13]

§14. 이성적 영혼이나 *정신*에 관계된 곳에는 모나드나 단순 영혼 자신에 있는 것보다 더 많은 것이 있다. 정신은 피조물의 우주의 거울일 뿐 아니라, 신성의 모사다. 정신은 신의 작품들에 하나의 지각을 가질 뿐 아니라, 작은 규모일지라도 신과 비슷한 어떤 것을 산출할 수 있다. 우리의 영혼은 의지적인 행위에서 건축가를 닮아 있다. 말하자면 (그러나 또한 의지와 상관없이) 꿀 수 있는 꿈의 기적에 대해 침묵하지만 사람이 꿈을 기억하기 위해서는 깨어난 뒤에 오랫동안 사고해야 하기 때문이다. 그리고 신이 그에 따라 (*무게, 척도, 수, 기타* 등등) 어떤 것들을 조절했던 과학을 발견하는 범위 내에서, 영혼은 그들의 범위와 그들에게 허용된 작은 세계에서 자신을 시험해보기 위해 신이 흔쾌히 창조했던 것을 모방한다.[14]

§15. 그러므로 인간이든 순수한 정신이든 모든 정신은 이성과 영원한 진리에 따라 신과 하나의 공동체에 들어가며, 신국, 말하자면, 최고와 최상의 군주가 세우고 다스리는 최상의 국가의 일원이 된다. 이 국가에서는 처벌 없는 범죄, 합당한 보상 없는 선행이란 없다. 또한 최종적으로 가능한 많은 덕과 행복이 있다. 그리고 이 모든 것은 신이 영혼을 위해 준비한 것이 물체의 법칙을 거스른다는 자연의 변혁이 아니라 자연적 사물의 질서에 따라, 모든 시간이 있어온 이래 자연의 영역과 은총의 영역, 건축가로서의 신과 군주로서의 신 사이에 놓인 조화에 따라 일어난다. 요컨대 자연과 은총은 서로에게 봉사하는 한에서 자연은 스스로 은총으로 다가가고 은총은 자연을 완전하게 해준다.[15]

§16. 이와 같이 이성이 계시에 유보된 커다란 미래의 세세한 점을 우리에게 알려줄 수는 없을지라도, 우리는 이 동일한 이성을 통해 사물이 우리의 희망을 넘어서는 방식으로 창조되었다는 점을 확신하며 살아갈 수 있다. 왜냐하면 신은 가장 완전하고 가장 행복하며 따라서 모든 실체 가운데 가장 사랑스러운 존재이고 *참되고 순수한 사랑*은 사람이 좋아하는 완전성과 행복에 기쁨을 느끼게 할 수 있는 심적 상태를 주기 때문이다. 그러므로 신을 향한 이 사랑은 그 안에서 가장 큰 기쁨으로 우리로 하여금 능력이 있도록 만든다.[16]

§17. 그리고 내가 말했던 대로 만약 사람이 신을 안다면 사람이 하는 대로 그를 사랑하기는 쉽다. 왜냐하면 우리의 외적인 감각에 의해서는 신을 지각할 수 없을지라도 신은 아주 사랑스러운 분이고 우리에게 큰 기쁨을 주시기 때문이다. 우리는 명예가 외적인 감각을 받아들이는 속성들로 성립하지 않을지라도 그것이 얼마나 인간을 기쁘게 하는지를 알고 있다. 순교자와 광신자는(격한 감정은 악하게 인도되었을지라도) 무엇이 정신적 기쁨일 수 있는지를 가리킨다. 더욱 중요한 것은 감각적인 기쁨 자체가 아주 혼돈스럽게 인식되고 있는 지적인 기쁨으로 되돌려진다는 점이다. 음악의 아름다움은 일정한 간격으로 잇따르는 물체가 서로 부딪치는 박자와 진동의 일치에 있고, 영혼은 우리가 알아차리지 못하는 수의 일치와 계산에서 그대로 세는 데서 존립할지라도 일정한 간격으로 부딪치는 물체의 박자와 진동은 우리를 기쁘게 한다. 눈이 비율에서 발견하는 기쁨도 마찬가지의 방식이다. 그리고 다른 감각을 불러일으키는 기쁨은 우리가 그것을 판명하게 설명할 수 없을지라도 비슷한 것으로 되돌려진다.[17]

§18. 신을 향한 사랑은 우리로 하여금 현재로부터 미래의 지복을 앞서 음미하게 한다고 말할 수 있다. 신을 향한 사랑이 공평할지라도, 인간이 신을 향한 사랑에서 유용성이나 다른 것을 찾지 않고 오직 그것이 주는 기쁨만을 고찰하면 이 사

랑은 스스로를 통해 우리의 최선과 최대의 유용성에 영향을 끼친다. 신을 향한 사랑은 우리에게 스토아철학자 같은 인내를 강요하지 않는다. 그것은 우리 자신에게 미래적 행복을 확실하게 하는 현재적인 만족에서 정신의 참된 휴식을 창조하는 창조자와 스승의 재화에 완전한 신뢰를 부여한다. 현재의 기쁨 말고는 미래를 위해 유용할 수 있는 것은 아무것도 없다. 왜냐하면 신을 향한 사랑은 우리에게 희망을 채워주고 우리를 최상의 행복의 길로 이끌기 때문이다. 요컨대 만물은 우주의 완전한 질서에 따라 가능한 한 최상의 방식으로 창조되었다. 이는 일반적인 복지뿐 아니라 특별히 무엇이 선인지를 확신하고 모든 선의 원천을 사랑할 줄 아는 자들과 하느님의 정부에 대해 만족하는 자들의 최선을 위해서 있다. 또한 최고의 지복은 신의 전망이나 인식을 수반할 수 있을지라도 결코 충족적으로 도달할 수는 없다. 지복은 무한하기 때문에 완전하게 인식될 수는 없다. 이로써 우리의 행복은 결코 더 이상 희망할 것이 없고 우리의 정신을 둔탁하게 만들 뿐인 향유가 아니라 언제나 새로운 기쁨과 완전성을 향하는 전진으로 성립하게 될 것이다.[18]

모나드론

§1. 우리가 여기서 말하려는 *모나드*는 복합적인 것 안에 있는 단순실체 이외에 다른 것이 아니다. 단순하다는 것은 부분을 갖지 않는다는 것을 뜻한다.(《변신론》§10).[1]

§2. 복합적인 것이 있기 때문에 단순실체가 있어야 한다. 그리고 복합적인 것은 단순실체들의 무더기나 집적 이외에 다른 것이 아니다.[2]

§3. 그러나 부분이 없는 곳에서는 연장도 형태도 없으며 나뉠 수도 없다. 그래서 모나드는 자연의 참된 원자이고 한마디로 만물의 원소다.[3]

§4. 만물의 원소들 또한 자신들의 해체를 두려워할 까닭이 없다. 어떤 방식으로도 하나의 단순실체가 자연스럽게 소멸될 수 있는지를 파악할 길은 없다.[4]

§5. 어떤 단순실체도 합성된 것에서 형성되지 않는다. 같은 이유에서 어떤 방식으로도 하나의 단순실체가 자연스럽게 생겨나는지를 파악할 길은 없다.[5]

§6. 그러므로 사람들은 모나드가 오직 한순간에서만 생겨나거나 끝날 수 있다고 말할 수 있다. 말하자면 모나드는 오직 창조를 통해서만 생겨날 수 있고 파멸을 통해서만 사라질 수 있다. 반면 복합적인 것은 부분에 의해 시작하거나 끝난다.[6]

§7. 어떻게 하나의 모나드가 어떤 다른 피조물에 의해 질적으로 또는 내적으로 변경되거나 변화될 수 있는지 또한 설명할 수단이 없다. 왜냐하면 모나드 내부에서는 위치를 변경하거나 생산·증가·감소하는 운동을 지각할 수 없기 때문이다. 그러나 복합적인 것에는 부분과 부분의 변화가 있으므로 이 모든 것이 가능하다. 모나드들에는 만물이 들락날락할 창窓이 없다. 스콜라철학자들이 감각 종種을 그렇게 취급했던 것처럼, 우유偶有는 실체와 분리할 수도 없고 실체와 별도로 외부에서 배회할 수도 없다. 따라서 실체나 우유는 모나드의 외부에서 내부로 들어갈 수 없다.[7]

§8. 이에 따라 모나드는 질을 가져야 한다. 그러지 않으면 그들은 결코 존재하는 사물이 될 수 없었을 것이다. 만약 단

순실체들이 서로 질적으로 구분되지 않는다면, 사물 안에 있는 변화를 확정할 수단이 없었을 것이다. 복합적인 것은 오직 그들의 단순 구성요소에서만 유래할 수 있기 때문이다. 만약 모나드가 질이 없거나 질적인 차이가 없었다면 서로 구분되지 않을 것이다. 공간이 완전히 채워져 있다고 전제한다면, 모든 장소는 운동 여부와 상관없이 항상 이전에 그가 점유했던 것과 같은 내용만을 받아들이고, 사물의 어떤 상태는 사물의 다른 상태와 분간될 수 없었을 것이다.[8]

§9. 게다가 모든 모나드는 다른 모나드와 모두 달라야 한다. 왜냐하면 자연에는 서로 완전히 같은 두 가지 본질은 결코 없고 단일한 내적이거나 내재적인 명명에 기인하는 차이를 발견하는 것이 불가능하기 때문이다.[9]

§10. 나는 모든 피조 존재자와 모든 피조 모나드가 변화를 따르며, 이 변화는 각 모나드에 지속적으로 이어진다는 널리 알려진 견해를 받아들인다.[10]

§11. 우리가 말했던 대로, 어떠한 외적인 원인도 모나드 내부에 영향을 끼칠 수 없기 때문에 모나드의 자연적 변화는 하나의 *내적인 원칙*에서 온다(《변신론》 §396, §900).[11]

§12. 그러나 변화의 원칙 외에도 스스로 *변화하기 위한 범례화*가 필요하다. 말하자면 이 범례화로 단순실체의 특수화와 다양성 작용이 일어난다.[12]

§13. 이 범례화는 복합적인 것이나 단순한 것 안에서 다수성multitude을 포함한다. 왜냐하면 모든 자연적 변화는 단계적으로 이루어지므로 어떤 것은 먼저 변화하고 어떤 것은 그대로 머물러 있기 때문이다. 따라서 하나의 단순실체는 그것이 어떤 부분들도 포함하지 않을지라도 성향이나 관계에서 복수성pluralité을 포함해야 한다.[13]

§14. 통일이나 단순실체 안에서 하나의 다수성을 포함하고 표상하는 경과 상태는 사람이 *지각*이라고 부르는 것 이외에 다른 것이 아니다. 이것은 뒤이어 보는 대로 통각 또는 의식이라고 부르는 것과는 명백하게 구분해야 한다. 데카르트주의자들은 사람이 의식하지 못하는 지각은 아무것도 아니라고 여기는 중대한 실수를 저질렀다. 이 실수는 정신들만이 모나드이고, 짐승들의 영혼이나 다른 완전현실물체들은 없다는 가정을 낳았다. 그리고 이는 오랫동안 지속되는 무의식 상태를 대중적인 관점에 따라 죽음과 혼동하게 했으며, 영혼이 물체와 철저하게 분리되었다고 여기는 스콜라적인 선입견과 영혼도 죽는다는 왜곡된 견해를 강화시켰다.[14]

§15. 하나의 지각에서 다른 하나의 지각으로의 경과나 변화를 만드는 내적인 활동 원칙은 욕구라고 일컬어질 수 있다. 욕구가 목표로 하는 전체 지각을 항상 완전하게 얻을 수는 없다. 그러나 욕구는 항상 어떤 것을 획득하고, 새로운 지각에 다다른다.[15]

§16. 우리가 의식하는 극소의 생각이 대상 안의 다양성을 담는다는 점을 발견하면, 우리 자신은 경험에 합당한 단순실체 안에 있는 다수성을 관찰한다. 그러므로 영혼을 하나의 단순실체로 인정하는 모든 사람은 모나드에서 이 다양성을 인정해야 한다. 벨은 그의 사전 로라리우스 항목에서처럼 여기에서 어떤 어려움도 발견하지 말았어야 했을 것이다.[16]

§17. 사람은 그 밖에도 *지각과 지각에 의존하는 것은, 말하자면 형태와 운동과 관련해서는 역학적인 근거를 통해 설명될 수 없다는 점을* 필연적으로 인정해야 한다. 하나의 기계가 생각하고 감정을 느끼고 지각할 수 있는 방식으로 구성되었다고 생각해보자. 동일한 척도의 비율로 확장된 물레방아 안처럼, 사람이 그 기계 안으로 들어갈 수 있다고 상상해볼 수 있다. 이를 전제로 기계의 내부를 검사하면 우리는 서로 맞물려 작동하는 부분만 발견할 수 있을 뿐 지각을 설명할 수 있는 어떤 것도 발견할 수 없을 것이다. 그래서 지각은 단

순실체 안에서 찾아야 하고 복합실체나 기계에서는 찾지 말아야 한다. 사람은 오직 단순실체들 안에서, 말하자면, 이것에서 지각과 지각의 변화를 발견할 수 있다. 이 안에서만 단순실체들의 모든 내적 활동이 존립할 수 있을 것이다(《변신론》 서언, 2b).[17]

§18. 모든 단순실체나 피조 모나드에는 엔텔레케이아*Entelecheia*라는 이름을 붙일 수 있을 것이다. 왜냐하면 그리스어로 '엑소우시 토 엔텔레스ἔχουσι τό ἐντελές'라는 것은 그 자체로 특정한 완전성에 대해 일종의 자기만족을 하는데, 이것이 그들을 내적 활동의 원천, 말하자면, 비물질적인 자동기계로 만들기 때문이다(《변신론》 §87).[18]

§19. 만약 내가 일반적인 의미에서 *지각*과 *욕구*라고 설명한 모든 것을 영혼이라 부르려 한다면, 모든 단순실체나 피조 모나드를 영혼이라고 부를 수 있을 것이다. 그러나 의식적인 감정은 단순지각보다 상위의 것이기 때문에 단순지각을 수반하는 단순실체에는 영혼보다는 모나드나 완전현실물체라는 명칭을 쓰는 것이 적당하다. 이에 반해 영혼이라는 표현은 좀 더 판명하게 지각하고 기억을 수반하는 모나드에만 쓰이도록 유보해야 할 것이다.[19]

§20. 예를 들면 우리는 기절했거나 꿈 없는 깊은 수면에 빠진 경우 아무것도 기억하지 못하고 어떤 판명한 지각도 하지 못한다는 것을 경험상 알고 있다. 이러한 상태에서 영혼은 단순 모나드와 구분되지 않는다. 그러나 이 상태는 계속되지 않을 뿐더러 영혼은 스스로 이런 상태에서 벗어날 수 있으므로 단순실체보다는 상위의 것이다(《변신론》§64).[20]

§21. 그러나 단순실체에 어떤 지각도 없는 것은 아니다. 이것은 이미 앞에서 언급된 근거를 따르더라도 불가능하다. 왜냐하면 단순실체들은 그들의 지각 이외에 다른 것이 아닌 어떤 것을 향해 도달하려는 성향 없이는 파멸될 수도 그 존재를 중단할 수도 없기 때문이다. 그러나 아무것도 구분할 수 없는 미세지각이 많은 경우 사람은 혼수상태에 빠진다. 만약 우리가 같은 방향으로 수십 번을 계속해서 뱅뱅 돈다면 현기증이 나고 기절하고 어떤 것을 더 이상 구분할 수 없게 되는 것과 같다. 죽음은 동물들을 한동안 이러한 상태로 옮겨놓을 수 있다.[21]

§22. 하나의 단순실체의 현재 상태가 이전에 지나간 상태의 자연스러운 귀결이듯이 현재는 그러한 방식으로 미래를 잉태한다(《변신론》§360).[22]

§23. 혼수상태에서 깨어나는 사람은 자신의 지각을 의식하므로 그가 그의 지각을 의식하고 있지 못했을지라도 그는 이전에 이미 그 지각들을 *어렴풋이나마 지녔음*이 틀림이 없다. 운동은 오직 이전 운동에서 자연스럽게 야기될 수 있듯이 지각도 오직 이전 지각에서만 자연스럽게 야기될 수 있기 때문이다(《변신론》§401~403).[23]

§24. 만약 우리의 지각이 전혀 판명하지 않고, 이른바 상위 단계로 나아가는 고양된 취향을 가질 수 없다면 흔히 보이는 대로 우리는 지속적인 혼수상태에 놓일 것이다. 그리고 이것은 전적으로 전라 모나드의 상태다.[24]

§25. 우리는 자연이 동물에게 공기 중에 있는 수많은 빛의 광휘나 파동을 모으는 감각기관을 제공하므로 동물이 더 효과적으로 행동할 수 있는 뛰어난 지각을 가졌다는 것을 안다. 후각·미각·촉각과 아직 우리에게 알려지지 않은 수많은 다른 감각에서도 이와 비슷한 지각이 발생한다. 나는 영혼에서 일어나는 선행 과정이 어떻게 감각기관에서 생기는 것을 표상하는지를 수시로 설명할 것이다.[25]

§26. 기억은 이성을 모방하는 영혼에게 일종의 경험적 *인과연쇄*를 제공한다. 그러나 이 경험적 인과연쇄는 이성과 분

간되어야 한다. 만약 동물이 자신과 관련된 사안을 지각하고 그에 대한 이전의 비슷한 지각을 떠올린다면 동물은 자신의 기억을 이전의 지각과 연합하고 당시와 비슷한 감정을 느낄 것이다. 예를 들어 사람이 개에게 몽둥이를 보여주면, 개는 그것이 자신에게 주었던 고통을 기억하고 울부짖거나 도망친다(《변신론》(도입부 참조) §65).[26]

§27. 동물들을 자극하고 움직이게 하는 강한 상상력은 그들이 이전에 받았던 지각의 강도나 다수성에 따라 다르다. 종종 한순간의 강력한 인상은 오랜 습관이나 몇 차례 반복된 중간 정도 강도의 지각과 동일한 효과를 내기 때문이다.[27]

§28. 인간은 그들의 지각에서 유래하는 경험적 인과연쇄가 오직 기억의 원칙에만 기인하는 한, 짐승bête과 똑같이 행동한다. 이때 인간은 어떠한 이론 없이 단순한 실습만 행하는 경험주의적 의사와 비슷하다. 우리 행위의 정도는 순수한 경험주의자와 같다. 예를 들어 우리는 지금까지 늘 그래왔으므로 내일도 있을 것이라 기대하고 경험주의자처럼 행동한다. 이에 대해서는 오직 천문학자만이 이성적인 근거를 바탕으로 판단한다.[28]

§29. 그러나 필연적이고 영원한 진리에 대한 인식은 우리

를 단순한 동물과 구분해준다. 그리고 이러한 인식은 우리를 신의 인식으로 끌어올리며 우리에게 이성과 과학을 부여한다. 이것이 흔히 말하는 우리 안에 있는 합리적 영혼 또는 정신이라는 것이다.[29]

§30. 필연적인 진리 인식과 추상력은 우리로 하여금 나라고 불리는 것이 무엇인지를 생각하게 하고, 우리 안에 이것이 있는지 아니면 저것이 있는지 헤아리는 반성작용을 유도한다. 우리가 이러한 방식으로 우리 자신을 생각하는 한 우리는 존재, 실체, 단순한 것 또는 복합적인 것을 생각하고, 우리 안에서 유한한 것은 신 안에서는 무한하게 발견한다고 생각한다. 그리고 이러한 반성작용은 우리의 이성 인식에 중요한 내용을 제공한다(《변신론》(§4a 참조)).[30]

§31. 우리의 이성 인식은 두 *가지 대원칙*에 근거한다. 하나는 *모순율*이다. 이에 따라 우리는 하나의 모순을 포함하는 모든 것은 거짓이라고 판단하고 거짓된 것의 반정립인 것 또는 모순적인 것을 모두 참이라고 판단한다(《변신론》§44, §196).[31]

§32. *대원칙의 다른 하나는 충족이유율이다.* 우리는 종종 이러한 근거가 알려져 있을 수 없다고 해도 왜 이것이 이래

야 하고 다를 수는 없는지에 대한 충족이유가 없다면 어떤 사실도 진짜이거나 실재일 수 없고 어떤 명제도 참으로 입증될 수 없다고 간주한다(《변신론》 §44, §196).[32]

§33. 또한 이성의 진리와 사실의 진리라는 두 종류의 *진리*가 있다. 이성의 진리는 필연적이고 그 반대는 불가능하다. 사실의 진리는 우연적이고 그 반대는 가능하다. 하나의 진리가 필연적이면 관념과 진리를 해체해 가장 단순한 개념으로 분석함으로써 근원적인 진리에 도달할 수 있다(《변신론》 §170, §174, §189, §280~282, §367, 세 번째 이의의 요약).[33]

§34. 이러한 방식으로 수학에서 이론적 정리와 실천적 규칙은 분석을 거쳐 *정의·공리·공준*으로 환원된다.[34]

§35. 최종적으로 더 이상 정의할 수 없는 단순관념들이 있다. 또한 공리와 공준, 또는 한마디로 증명될 수 없고 증명이 불필요한 근원적인 원칙들이 있다. 이는 그 반대가 명백하게 모순을 지니는 동일성의 *언명*들이다(《변신론》 §36~37, §44~45, §49, §52, §121~122, §337, §340~344).[35]

§36. 그러나 충족이유는 우연적인 진리나 사실의 진리, 말하자면, 우주에 펼쳐져 있는 피조물 간의 귀결과 연관되어

발견된다. 이러한 사물들에서는 측정할 수 없는 자연적 사물의 다수성과 물체의 무한한 가분성 때문에 별도의 이유에 대한 분석이 무제한적·범례적으로 진행될 수 있을 것이다. 지금 내가 쓰고 있다는 것의 작용원인을 결정하는 형태와 운동은 현재와 피조의 우주에 편재하는 만물의 잇달음에 따라서 발견되어야 한다. 여기에는 최종원인에 이르게 하는 나의 영혼, 현재와 과거의 무한한 미세경향과 성향이 있다.[36]

§37. 그리고 각각의 사안은 유사한 분석이 필요한 선행하는 다른 우연성 또는 특수한 우연성을 포함하기 때문에 이 모든 *범례적인* 사안에 대해 사람이 이유를 캐내려고 한다면 진전될 수 없다. 충족이유 또는 궁극이유는 이들이 얼마나 무한하게 나아갈 수 있건 간에 귀결이나 우연성에 있는 범례화의 잇달음 외부에 놓여 있어야 한다.[37]

§38. 그래서 사물의 최종원인은 세부적인 변화의 범례성보다 근원적으로 탁월하게 존재하는 필연적 실체 안에 놓여 있어야 한다. 이 실체가 바로 우리가 말하는 신이다(《변신론》 §7).[38]

§39. 지금 이 실체는 만물이 서로 연결되어 있는 모든 범례성의 충족이유이듯이 *오직 유일한 신만* 있으며 *이 신은 충족*

적이다.[39]

§40. 사람은 또한 이 최상의 실체는 유일하고 보편적이고 필연적이며 그로부터 독립적일 수 있고 단순한 잇달음의 존재가능성 이외에 아무것도 갖지 않는다고 판단할 수 있다. 이 가능한 존재는 제한을 가질 수 없으며 어떤 가능한 것의 수많은 실재를 유지한다.[40]

§41. 여기서 신은 절대적으로 완전하다는 결론이 잇따른다. 이 완전성은 유한한 사물의 경계나 제한을 없앤다는 점에서 적극적 실재의 총화 이외에 다른 것이 아니다. 경계가 없는 곳, 말하자면, 신 안에서의 완전성은 절대적으로 무한하다(《변신론》 §22, 서언, §4a).[41]

§42. 나아가 피조물은 신의 영향에서 그들의 완전성을 갖는다는 점이 잇따르지만, 물체들의 *자연적 관성* 탓에 제한 없이는 존재할 수 없는 불완전성을 띤다는 점에서 신과 구분된다. (《변신론》 §20, §27~30, §153, §167, §377, §30, §380, 다섯 번째 이의의 요약).[42]

§43. 신은 본유가 실재적이거나 실재적인 것에 가능성으로 포함되는 한 존재의 원천일 뿐 아니라 또한 본유의 원천

이기도 하다. 왜냐하면 신의 지성은 영원한 진리의 영역이거나 가능성이 의존하는 관념의 영역에 속하기 때문이다. 신의 지성 없이는 가능성에는 어떠한 실재적인 것도 없을 것이고 존재하는 것이 없을 뿐만 아니라 가능한 것도 없다(《변신론》 §20).[43]

§44. 본유나 가능성 또는 영원한 진리에도 어떤 실재가 있다면 이 실재는 존재하는 것이나 현실적인 것 따라서 본유 자체가 존재를 포함하는 필연적 본질이나 그 안에서 가능한 것이 현실적이 되는 어떤 것에 정초될 필요가 있다(《변신론》 §184~189, §335).[44]

§45. 이와 같이 신이나 필연적 본질이 존재하는 것이 가능하다면 신만이 (또는 필연적 존재자만이) 필연적으로 존재한다는 특권을 갖는다. 그리고 이때 한계와 부정 등의 모순을 포함하지 않을 가능성을 거스르는 것이 아무것도 없다는 사실만으로도 신이 존재한다는 것을 우리에게 *아프리오리하게* 인식시키기에 충분하다. 우리는 또한 신의 존재를 영원한 진리의 실재를 통해 증명했다. 그러나 우리는 우연적 존재자가 존재하고, 오직 그 자체로 존재이유를 갖는 필연적 존재자만이 우연적 존재자의 궁극이유나 충족이유를 가질 수 있다는 것으로 신 존재를 *아포스테리오리하게* 증명했다.[45]

§46. 사람은 데카르트와 이후의 푸아레M. Poiret처럼 영원한 진리가 자의적이고 신의 의지에 의존할 것이라고 생각해서는 안 된다. 이것은 오직 *적합성의* 원칙이나 *최상의* 선택을 따르는 우연적 진리에 대해서만 참이다. 이에 반해 필연적 진리는 유일하게 신의 지성에만 의존하고 신의 내적 대상을 이룬다(《변신론》§180~185, §335, §351, §380).[46]

§47. 그래서 신만이 근원적인 통일이거나 본래적인 단순 실체다. 피조 되거나 파생된 모든 모나드는 신의 산물로서, 말하자면, 끊임없는 전광석화 같은 신성의 광휘光輝에 의해 매 순간마다 생겨난다. 그러나 그들은 피조물의 본질에 따라 수용 능력이 제한되므로 유한하다(《변신론》§382~391, §395, §398).[47]

§48. 신 안에는 만물의 원천인 능력, 다음으로 관념의 범례를 담는 인식, 그리고 최종적으로 최상의 원칙에 일치하도록 만물을 변화시키거나 산출하는 *의지가* 있다(《변신론》§7, §149~150). 피조 모나드들의 이러한 삼위에는 주어나 토대, 지각 능력과 통각 능력이 상응한다. 그러나 신 안에서 이러한 속성들은 절대적으로 무한하거나 완전하다. 반면 피조 모나드나 완전현실물체(또는 바르바로Ermolao Barbaro가 이 단어를 번역한 바에 따르면, *완전현실을 실현한 자*) 안에서 이

러한 속성들은 완전성 등급에 따른 모사일 뿐이다(《변신론》§87).[48]

§49. 피조물은 그들이 완전한 한 외적으로 활동하고 불완전한 한 타자의 활동을 *감내한다.* 그래서 모나드는 판명한 지각을 갖는 한 활동성을, 혼동된 지각을 갖는 한 수동성을 지닌다.(《변신론》§32, §66, §386).[49]

§50. 그리고 한 피조물은 사람이 그에게서 다른 피조물에 선행하는 아프리오리한 근거를 돌려주는 근거를 발견한다면 다른 피조물보다 완전하다. 그리고 이 경우 사람은 한 피조물이 다른 피조물에 이상적으로 영향을 끼친다고 말한다.[50]

§51. 그러나 단순실체에서 하나의 모나드는 오직 신의 중재를 통해서만 다른 모나드에 영향을 준다. 그래서 신의 관념 안에서 하나의 모나드는 신이 근원적인 단초부터 다른 하나의 모나드에 주의를 기울일 것을 요구하는 경우에만 다른 모나드에 *이상적으로* 작용한다. 하나의 피조 모나드는 다른 피조 모나드의 내부에 물리적인 영향을 끼칠 수 없기 때문에, 유일하게 이러한 경우에만 하나의 모나드가 다른 모나드에 의존적일 수 있을 것이다(《변신론》§9, §54, §65~66, §201, 세 번째 이의의 요약).[51]

§52. 그리고 이를 통하여 피조물의 활동성과 수동성은 상호 호혜적이다. 왜냐하면 신은 두 단순실체를 서로 비교함으로써 그들 각자의 근거에서 하나가 다른 하나를 따르게끔 명령하는 이유들을 발견하기 때문이다. 따라서 어떤 관점에서 활동적인 것이 다른 관점에서는 수동적이다. 한 피조물이 다른 피조 실체에서 일어나는 것의 이유를 제공한다는 것이 판명하게 인식된다면 그것은 활동적이고, 자신에게서 일어나는 것의 이유가 다른 피조 존재자에게 있다는 것이 판명하게 인식된다면 수동적이다(《변신론》 §66).[52]

§53. 지금 신의 관념에는 무한히 많은 가능세계가 있지만 그들 가운데 오직 하나의 세계만이 존재할 수 있기 때문에 다른 세계보다 이 세계를 결정하도록 이끄는 신의 선택에도 하나의 충족이유가 있어야 한다(《변신론》 §8, §10, §44, §173, §196 이하, §225, §414~416).[53]

§54. 그리고 이 근거는 가능세계들을 포함하는 *적합성* 또는 완전성의 등급에서 찾을 수 있을 것이다. 가능한 것 각자는 그에게 포함된 완전성의 척도에 따라 존재를 요구할 권리가 있다(《변신론》 §74, §130, §167, §201, §345, §350, §352 이하, §354).[54]

§55. 그리고 요컨대 이 근거는 신이 지혜를 드러내고 선을 택하고 능력을 만들게 하는 최상의 존재 근거다(《변신론》 §7 ~8, §80, §84, §119, §204, §206, §208, 첫 번째와 여덟 번째 이의의 요약).[55]

§56. 지금 모든 피조 실체에 대한 각각 별도의 모나드와 모든 다른 모나드에 대한 각각 별도의 모나드의 *상호결합* 또는 순응은 각자의 단순실체가 모든 다른 실체들을 표현한다. 따라서 이것은 각자의 단순실체가 지속적으로 우주의 살아 있는 거울이 되는 관계로 들어가게끔 영향을 준다(《변신론》 §130, §360).[56]

§57. 또한 같은 도시일지라도 도시를 보는 위치에 따라 전망이 다르다. 이와 동일한 방식으로 우주를 보면 단순실체의 무수한 다수성 때문에 무수히 다양한 우주의 전망이 발생하게 되지만 이 우주들은 각 모나드의 관점에 따라 오직 하나뿐인 우주를 표상하는 데 불과하다.[57]

§58. 그리고 이것이 가능한 한 많은, 할 수 있는 최대의 질서와 결부된 다양성을 얻는 수단이다. 말하자면 이것은 가능한 한 많은 완전성을 얻는 수단이다(《변신론》 §120, §124, §241 이하, §214, §243, §275).[58]

§59. 또한 (내가 감히 증명되었다고 말하는) 이 가설만이 우리에게 신의 위대성을 적절한 방식으로 계시한다. 벨은 사전(로라리우스 항목)에서 자기가 믿고자 하는 대로 신을 설명했는데, 내가 이에 대해 신에게 가능한 것보다 지나치게 많은 것을 귀속시켰다는 이의를 제기하자 벨은 그 비판을 받아들였다. 그러나 그는 보편조화를 이룬 모든 실체의 관계를 통해서도 그 밖의 다른 실체를 표현하도록 작용하는 보편조화는 왜 불가능한지에 대해 근거를 제시할 수 없었다.[59]

§60. 그 밖에 내가 앞서 말했던 것에서 왜 사물들은 다른 방식의 경과를 취할 수 없는지에 대한 *아프리오리*한 근거를 통찰할 수 있을 것이다. 신은 전체를 조절하므로 각 부분과 특별히 각 모나드에 주의를 기울였다. 그리고 각 모나드의 본질은 세계를 표상하는 것이기 때문에, 모나드가 사물의 부분을 표상하는 것을 제한할 것은 아무것도 없다. 이 표상들이 전체 우주의 범례에서 단지 혼동되어 있고 사물들의 극소 부분에서, 말하자면 모나드들에 최대로 근접해 있거나 최대인 것에서만 진짜로 판명한 것일지라도 그러하다. 그렇지 않으면 각 모나드는 하나의 신성일 것이기 때문이다. 모나드는 대상 때문이 아니라 대상의 상이한 인식 방식 때문에 제한을 받는다. 그들은 혼동된 방식으로 만물을 무한하게 전체로 확장한다. 그러나 그들은 자신의 판명한 지각의 등급을 통해

제한되고 미분화된다.[60]

§61. 복합적인 것은 단순한 것에 대해 상징적이다. 왜냐하면 만물은 꽉 차 있고 모든 질료는 서로 연결되어 있어서, 각각의 운동은 꽉 찬 공간에서 상대적으로 먼 거리에 있는 물체들에 어떤 작용을 하기 때문이다. 각각의 물체는 그와 접촉하는 이웃 물체들에 의해 영향을 받을 뿐만 아니라 어떤 측면에서는 이웃 물체에 일어나는 만사를 감지한다. 또한 각 물체는 이웃 물체의 중재를 거쳐 그 이웃 물체에서 일어나는 일을 감지하기도 한다. 이러한 만물의 상호 소통은 거리에 구애받지 않고 널리 확장된다. 따라서 각 물체는 이런 식으로 우주 만물의 만사를 감지하여 만물을 알 수 있는 어떤 사람은 항상 일어나고 있는 것, 과거에 일어났던 것, 미래에 일어나게 될 것을 읽을 수 있을 것이다. 시간적·공간적으로 멀리 떨어진 것은 지금 여기에서 관찰될 수 있다. 히포크라테스Hippocrates는 이를 두고 "만물은 함께 숨 쉰다σύμπνοια πάντα"라고 말했다. 그러나 하나의 영혼은 오직 그 자체로 판명하게 표상되는 것만을 읽을 수 있다. 영혼은 그의 모든 주름을 한순간에 펼칠 수는 없다. 왜냐하면 그 주름은 무한한 것에까지 나아가기 때문이다.[61]

§62. 이와 같이 피조 모나드 각자가 전체 우주를 표상할지

라도, 각각의 피조 모나드는 특별히 그와 결합된 물체와 그의 완전현실로 자신을 구성하는 몸을 더욱 판명하게 표상한다. 그리고 이 물체가 꽉 찬 곳에서 전체 질료의 상호 연결성의 힘으로 전체 우주를 표현할 때 그 영혼 또한 하나의 특별한 방식으로 그에게 속한 이 물체를 표상하므로 전체 우주를 표상한다(《변신론》§400).[62]

§63. 하나의 완전현실물체이지만 하나의 영혼으로 하나의 모나드에 속한 몸은 완전현실과 더불어 *생물*이라고 불리고 영혼과 연합되어 있는 동물이라고 불리는 대상을 구성한다. 생물이나 동물의 몸은 끊임없이 유기적이다. 각 모나드는 자신만의 유일한 방식으로 우주의 거울이고 우주는 하나의 완전한 질서에 따라 조절되기 때문에 표상의 내부에, 말하자면, 영혼 안의 지각과 몸의 질서 안에 표상되는 하나의 질서로 있어야 한다(《변신론》§403).[63]

§64. 이와 같이 각 생물의 유기체는 일종의 신적인 기계이거나 모든 인공적인 자동기계를 무한히 넘어서는 자연의 자동기계로 인공적인 자동기계보다 더 우월한 어떤 것이다. 왜냐하면 인간의 기술로 제작된 기계는 각 부분이 기계로 남지 않기 때문이다. 예를 들어 하나의 놋쇠 톱니바퀴의 날은 우리에게 더 이상 인공적인 생산품이 아니다. 톱니바퀴는 그

것이 맞물려 작동하는 기계인지를 더 이상 알아차릴 수 없는 부분 부속이나 더 작은 조각으로 구성되어 있다. 그러나 자연의 기계, 즉, 유기체는 무한한 최소의 부분까지도 여전히 기계다. 이것이 자연과 기술 사이, 말하자면, 신적 예술성과 인간적 예술성 사이의 차이를 만든다(《변신론》 §134, §146, §194, §483).[64]

§65. 자연의 창조자는 이 신적이고 무한히 놀랄 만한 예술 작품을 만들 수 있었다. 왜냐하면 고대인들이 인식했던 대로 질료의 각 조각은 무한하게 나뉠 수 있을 뿐만 아니라 현실적으로 끝없이 구분되고 각 부분은 다시 그의 하위 부분들에 대해 자신의 고유한 운동을 갖기 때문이다. 그렇지 않으면 각 질료의 조각이 전체 우주를 표현하는 것은 불가능할 것이다(《변신론》 도입부, §70, §195).[65]

§66. 이로써 사람은 질료의 최소 조각에는 피조물, 동물, 짐 승, 엔텔레케이아 그리고 영혼의 세계가 있음을 헤아린다.[66]

§67. 질료의 각 조각은 식물로 가득 찬 정원이나 물고기로 가득 찬 연못처럼 이해될 수 있다. 그러나 각 식물의 지류, 각 짐승의 지절, 그의 유체의 각 물방울 또한 그러한 정원이나 작은 연못으로 이해될 수 있다.[67]

§68. 정원의 식물들을 이루는 흙과 공기, 또는 연못의 물고기들을 이루는 물은 식물도 물고기도 아니다. 그럼에도 이 틈은 여전히 다시 식물과 물고기들을 포함한다. 그러나 그 틈은 대부분 우리가 알아차릴 수 없는 섬세함으로 이루어져 있다.[68]

§69. 이와 같이 우주에는 가상에 따른 것만을 제외하고는 경작되지 않은 것이나 열매를 맺지 못하는 것이나 죽음, 카오스, 혼란에 대한 관점이란 없다. 이와 같은 의미에서 만약 어느 곳이라도 비었거나 혼동되어 있다면 이것은 단순 가상이다. 같은 의미에서 사람이 조금 떨어진 곳에서 연못 속을 들여다보는 것과 같다. 사람은 그 안에서 오직 하나의 혼동된 운동만을 보며 물고기와 자신을 구분하지 않고 연못 안의 물고기들이 헤엄치는 것만을 보는 것과 같다(《변신론》 서언 5b).[69]

§70. 이로써 각 유기체는 동물의 영혼에 해당하는 지배적인 완전현실을 갖는 것으로 보인다. 그러나 이 유기체의 지절 자체는 다른 동물이나 식물들로 가득 차 있고 이것들 각자는 다시금 그의 지배적인 완전현실이나 영혼을 갖는다.[70]

§71. 그러나 내 이론을 오해했던 어떤 사람들처럼, 각 영혼

은 언제나 그에게 할당된 일정한 질량이나 질료의 조각을 지니고 따라서 그들에게 끊임없이 봉사하도록 규정된 다른 하위의 동물들을 가질 것이라고 상상해서는 안 된다. 왜냐하면 모든 몸은 강처럼 늘 지속적인 유출 상태에 있고 부분들은 끊임없이 들락날락하기 때문이다.[71]

§72. 이와 같이 영혼은 오직 점진적으로만 그리고 등급에 따라서만 몸을 변경하며, 몸의 모든 기관이 한순간에 탈취될 수는 없다. 짐승들에게는 종종 형태 변화가 일어난다. 그러나 영혼 전이 없이는 형태변화도 결코 없다. 몸에서 완전히 *떨어져나간* 영혼도 없고, *몸 없는 초인간적 존재*도 없다. 오직 신만이 몸에서 완전히 자유롭다(《변신론》§90, §124).[72]

§73. 요컨대 이것이 절대적인 무에서는 결코 어떠한 것도 탄생하지 않고, 또한 엄밀한 의미에서 완전한 죽음으로 몸에서 영혼이 분리되지 않는 이유다. 우리가 *탄생*이라고 부르는 것은 발전이고 성장인 반면 우리가 죽음이라고 부르는 것은 주름이고 감소다.[73]

§74. 과학자들은 형상의 기원, 완전현실물체들 또는 영혼들에 대해 커다란 어려움에 직면했다. 그러나 오늘날 식물·곤충·짐승들에 대한 세심한 연구를 토대로 자연의 유기체는 카오

스나 부패 작용의 산물이 아니라는 점이 알려졌고, 의심할 바 없이 항상 어떤 선형성을 포함하는 씨앗에서 유래한다는 점을 인지하게 되었다. 여기서 사람들은 유기체는 잉태 이전에 이미 있었을 뿐만 아니라 몸속에 영혼, 즉, 짐승 자신이 이미 있었고 이 짐승은 잉태를 수단으로 다른 종류의 짐승이 되기 위해 단지 대형으로 변형되는 인자로서만 마련되게 설정되었다고 판단했다. 예를 들어, 생산은 아니지만 구더기가 파리가 되고 애벌레가 나비가 될 때 사람은 그와 비슷한 것을 관찰하게 된다(《변신론》서언 5b, §86, §89, §90, §187~188, §397, §403).[74]

§75. 우리는 수정을 수단으로 대형동물로 진화하는 동물을 *정액동물*이라고 부른다. 그럼에도 그들 대다수는 대형동물처럼 그들의 종 안에서 남아 있고, 태어나고, 재생산되고 죽는다. 선택된 아주 소수의 종들만 더 큰 무대로 나아간다.[75]

§76. 그러나 이것은 반쯤의 진리다. 나는 짐승들이 자연적으로 존재하기를 시작하지 않았다면 자연적으로 존재하기를 중단할 수도 없을 것이라는 결론을 내렸다. 그리고 생성이 없을 뿐 아니라 전적인 파멸도 없고, 엄밀한 의미에서 죽음도 없다. 또한 이렇게 *아포스테리오리*하게 설정되고 경험

에서 이끌어낸 심사숙고는 앞에서 언급된 *아프리오리하게* 도출된 나의 원칙과 완전하게 일치한다(《변신론》 §90).[76]

§77. 이와 같이 파괴될 수 없는 우주의 거울처럼 영혼뿐만 아니라 짐승도, 비록 그의 기계가 종종 부분적으로 몰락하고 유기적인 껍질을 벗거나 입을 수는 있을지라도 파괴될 수는 없다고 말할 수 있을 것이다.[77]

§78. 이 원칙들은 나에게 영혼과 유기체의 자연스러운 합일이나 일치를 설명하는 길을 열어주었다. 영혼은 그 자신의 법칙을 따르고 몸 또한 그 자신의 법칙을 따른다. 그리고 그들은 서로가 *동일한* 우주 전체를 표상하기 때문에 모든 실체 사이의 *예정조화*에 힘입어 서로서로 합치된다(《변신론》 서언 §6, §340, §352~353, §358).[78]

§79. 영혼은 욕구·목적·수단을 통해 최종원인의 법칙에 일치되게 작용한다. 물체는 작용원인의 법칙 또는 운동법칙에 따라 작용한다. 그리고 작용원인과 최종원인 법칙의 두 영역은 서로 조화를 이룬다.[79]

§80. 데카르트는 질료에 항상 동일한 운동량이 있기 때문에 영혼은 물체에 어떠한 힘도 부여할 수 없다는 것을 깨달

있다. 그럼에도 그는 영혼이 물체의 방향을 변화시킬 수 있다고 믿었다. 그러나 이러한 믿음은 그의 시대에 질료 안에 전체 운동량의 방향 보존에 작용하는 자연법칙이 있다는 점을 발견하지 못했기 때문에 나온 것이다. 데카르트가 이 점을 인식했더라면 그는 나의 예정조화 체계에 도달했을 것이다(《변신론》서언, §22, §59, §62, §66, §345~346, §354~355).[80]

§81. 이 체계에서 물체는 영혼이 없는 것이 불가능한데도 마치 영혼들이 없는 양 작용한다는 것을 의미한다. 영혼 또한 마치 물체가 없는 양 작용한다. 그리고 이 양자는 마치 하나가 다른 하나에 영향을 끼치는 양 작용한다.[81]

§82. 우리가 이미 말했던 대로, 나는 정신들이나 이성적 영혼들과 관련해, 근본적으로 동일한 것이 모든 생명과 동물들에게 일어났다고 여긴다. (요컨대 동물과 영혼은 세계의 시초부터 함께 존재했고 세계보다 일찍 끝나지 않는다.) 그럼에도 이성적 동물들은 특별한 지위를 차지한다. 소형 정액동물이 열등한 지위를 계속 이어나가는 한 그들은 단지 보통 영혼이거나 감각적인 영혼만을 지닌다. 그러나 선택된 그들이 잉태 작용으로 인간의 본질을 획득하는 한 인간의 감각적인 영혼은 이성의 단계로 그리고 정신이 갖는 특권으로 고양된다(《변신론》 §91, §397).[82]

§83. 내가 이미 부분적으로 설명했던 보통 영혼들과 정신들 사이의 차이점 이외에 여전히 다음과 같은 차이가 있다. 요컨대 일반적으로 영혼은 피조물 가운데 살아 있는 우주의 거울이나 모사다. 그러나 정신은 그 밖에 여전히 신성의 모사나 자연 자체의 창조자의 모사다. 각 정신은 자신의 영역에서 작게나마 신성을 지니기 때문에 우주의 체계를 알 수 있고 어떤 범위에서는 그들 자신의 고유한 건축 기술을 통해 이를 모방할 수 있다(《변신론》 §147).[83]

§84. 이것이 정신을 일종의 신과 공동체의 길을 따라 들어갈 수 있게 만든다. 그리고 신은 정신과 관련해, (다른 피조물들과의 관계가 그러한 것처럼) 단지 자신의 기계 발명가로서뿐 아니라 군주가 신하를 위하거나 아버지가 자녀들을 위하는 것과 같이 일한다.[84]

§85. 여기서 모든 정신들의 회중會衆인 신국, 말하자면, 가능한 한 완전한 군주 국가 가운데 가장 완전한 국가를 건축해야 한다는 결론을 쉽게 내릴 수 있다(《변신론》 §146, 두 번째 이의의 요약).[85]

§86. 참되고 보편적인 군주 국가인 이 신국은 자연세계 안의 도덕 국가다. 그리고 신의 작품들 가운데 가장 탁월한 신적인

작품이다. 만약 정신들이 신의 위대성과 재화를 인식하지 않고 경탄하지 않는다면 신은 명성을 얻지 못할 것이기 때문에 신의 참된 명성은 신국 안에서 존립한다. 또한 신은 그의 지혜와 재화가 도처에서 입증되는 동안 먼저 이 신국과 관련해 본래적인 재화를 소유한다.[86]

§87. 우리는 앞에서 자연의 두 영역인 작용원인의 영역과 최종원인의 영역 사이에 완전한 조화가 있다고 확정했던 대로 여기서 여전히 자연의 물리적인 영역과 은총의 도덕적인 영역, 말하자면, 우주기계의 건축가로서의 신 그리고 정신들의 신국에서 군주로서의 신 사이에 존재하는 서로 다른 조화를 숙지해야 한다(《변신론》 §62, §74, §112, §118, §130, §247~248).[87]

§88. 이 조화는 자연 자체의 길에 있는 사물을 은총으로 이끌도록 영향을 준다. 예를 들어 정신의 정부가 어떤 자에게는 벌을 주고 다른 자에게는 상을 내리기 위해 조화를 요구하면, 그 순간 조화는 지구가 자연적인 길에서 벗어나 파괴되거나 회복되도록 영향을 준다(《변신론》 §18, §110, §244~245, §340).[88]

§89. 우리는 또한 건축가로서의 신은 법 증여자로서의 신을

모든 관점에서 만족시키고, 죄는 자연의 질서와 사물 자체의 역학적 구조에 따라 벌을 감당해야 한다고 말할 수 있다. 그리고 사물과 관련된 아름다운 행위는 당장 그 자리에서 상을 받지는 않더라도 역학적으로 상을 얻는다.[89]

§90. 마지막으로 이 완전한 정부에서는 상 없는 선한 행위가 없을 것이고, 벌 없는 악한 행위도 없을 것이다. 따라서 만물은 선한 복에 봉사해야 한다. 만물, 즉 이 위대한 국가에 불만이 없는 자, 자신의 의무를 다한 뒤에 예견을 신뢰하는 자들은 우리가 사랑하는 대상의 행복에 기쁨을 솟구치게 하는 진실로 순수한 *사랑의 본질*을 따라서 만복의 창조자를 사랑하고 모방하며 그의 완전성을 고찰하는 기쁨에 봉사하게 된다. 이러한 고량考量에서 현명하고 유덕한 인간은 추정할 근거가 있거나 선취된 신의 의지에 자신을 일치시키는 일에 헌신한다. 만약 우리가 우주의 질서를 충분히 이해할 수 있다면, 건축가나 존재의 작용원인으로서뿐 아니라 의지의 전체 목표를 형성하고 행복하게 할 수 있는 목적원인으로서 만물의 창조자에게만 헌신한다고 하자. 가장 현명한 자의 모든 희망을 초월해서 지금의 우주보다 더 좋은 우주를 만드는 것은 불가능하다. 이 점을 인정하는 한 유덕한 인간은 일반적으로 전체를 위할 뿐 아니라 특별히 우리 자신을 위해서 신이 그의 비밀, 추론이나 결정으로 일정한 의지에 따라 세계에 실

제로 일어나도록 하는 경우에 만족한다(《변신론》 서언 4a, b, §
134, §278, 서언 4b).[90]

La dont nous parlerons icy

(1) Une Monade n'est autre chose qu'une substance simple Simple c'est à dire sans parties

(2) Il faut qu'il y ait des substances simples, puisqu'il y a des composés, car le composé n'est autre chose qu'un amas ou aggregatum des simples.

(3) Or là où il n'y a point de parties il n'y a ny figure, ny etendue, ny figure, et ny dissolution et il n'y a point de manière concevable, par laquelle puisse perir une substance simple et là où il n'y a point de parties il n'y a point de dissolution à craindre et il n'y a aucune manière soit concevable, par laquelle une substance simple puisse naturellement

(5) par la même raison il n'y en a aucune par laquelle une substance simple puisse commencer naturellement, puisqu'elle ne

〈모나드론〉 자필 원고

라이프니츠,
신·세계·모나드를 말하다

1. 17세기의 보편천재

(1) 교육배경과 파리 생활

라이프니츠는 1646년 7월 1일 독일 작센 주의 라이프치히 시에서 라이프치히 대학 도덕철학 교수인 프리드리히 라이프뉘츠F. Leibnütz와 법학 교수의 딸인 카나리나 슈무크C. Schmuck 사이에 장남으로 태어났다. 라이프니츠는 생후 사흘 만에 니콜라이 교회에서 세례를 받았다. 그는 1716년 11월 14일 세상을 떠났으며 그의 유골은 오늘날 하노버의 노이슈타트 개신교 교회에 안장되어 있다.

라이프니츠는 5세 때 아버지가 세상을 떠난 뒤 여동생 안나와 함께 편모슬하에서 성장했다. 그의 어머니는 평화와 조화를 존중하는 신앙인이었다고 전한다. 라이프니츠는 어머니의 영향을 받아 조화로운 삶을 소중하게 여기고 어머니의 품성을 일생 동안 깊이 간직하며 살았다. 그의 비서관이고 나중에 궁정위원이 되었던 에카르트J. G. von Eckhart에 따르면, 라이프니츠는 한 번도 남에 대해 나쁜 말을 한 적이 없다고 한다. 소년 라이프니츠는 작고한 아버지의 서재에 들어가 책을 잔뜩 펼쳐놓고 대부분 독서와 독학으로 스스로 라틴어를 깨우치고 책 읽기에 열중하였다. 그는 니콜라이 김나지움에 들어가기 전에 이미 자기 주도 학습을 통해 중요한 그리스 로마 고전과 스콜라 고전을 독파했다.

라이프니츠는 14세에 라이프치히 대학에 들어가 법학과 철학을 공부했다. 그는 그리스어·히브리어에도 능했으며 철학·수학·물리학을 지배하는 법칙에도 관심이 많았다. 그는 한때 예나 대학에서 당시 이 대학의 교수였던 바이겔 교수의 수학 강좌를 들었다. 컴퓨터 구성이론의 수학적 기초에 관한 논문도 쓰게 된 것도 그와의 학문적 협력에서 생긴 것이다. 대학 생활 동안 학생활동으로는 연금술연맹에 가담하기도 했으며 17세기의 과학·철학·정치사상을 혁명화한 갈릴레이G. Galilei와 데카르트·홉스T. Hobbes의 여러 저작을 접했다. 당시 스콜라주의·아리스토텔레스주의·토마스주의·아베로에스주의 등 구시대의 철학이 눈부신 변화를 주도하는 근대 과학 사조로 급격히 대치되고 있었다. 라이프니츠는 신구학문의 갈등과 맞닥뜨린 선택의 기로에서 근대 역학의 형이상학적 기초를 성찰했다. 20세에 대학 과정을 모두 마친 라이프니츠는 라이프치히 대학에 박사학위를 신청했다. 하지만 대학 당국은 라이프니츠가 너무 어리다는 이유로 거부했다. 그는 그래서 뉘른베르크 근처의 알트도르프 대학으로 옮겨 〈법학에서 분규 사례에 대해De casibus perplexis in jure〉라는 논문으로 법학박사학위를 취득했다. 뉘른베르크 시 당국은 라이프니츠에게 법학박사학위를 수여하고 교수직을 제안했지만, 라이프니츠는 '마음속에 여러 가지 다른 생각이 있어서' 교수직을 마다했다.

대학을 졸업한 뒤 잠시 자유롭게 지내며 네덜란드 여행을 준비하던 라이프니츠는 마인츠의 선제후 쇤보른J. P. von Schönborn의 공국 법원에 발탁되면서 사회에 첫발을 내디뎠다. 그 무렵 독일은 여러 소도시로 구성된 공국을 형성하고 있었으며 종교적으로는 개신교가 많았다. 그러나 유럽 전역에서는 구교와 신교의 갈등에서 비롯된 종교전쟁의 여파로 평화 협약의 정치적 약속은 여전히 위협받고 있었다. 국외적으로는 당시 가톨릭 국가였던 프랑스의 태양왕 루이 14세가 절대군주 국가의 위력을 떨치며 팽창주의를 과시했다. 약소국이었던 마인츠의 선제후는 루이 14세의 세력 확장에 위기를 느끼면서 외교적인 해법을 모색했다.

쇤보른은 유능한 법학자 라이프니츠와 이 문제를 상의하면서 프랑스에 가서 자신의 정치적 입장을 해명할 과제를 라이프니츠에게 부여했다. 쇤보른의 위임을 받은 라이프니츠는 루이 14세로 하여금 독일을 침공하는 대신 정치적·군사적 관심을 이집트로 돌리게 할 수 있는 계획을 세운 비망록을 들고 1674년 프랑스 파리를 방문했다. 라이프니츠는 루이 14세를 알현할 기회조차 얻지 못했고 따라서 장관들을 설득하는 데 실패하였다. 하지만 당시 세계 문화와 지식의 중심이던 파리에 약 4년 동안 체류하면서 새로운 변화의 물결을 접할 수 있었다.

1673년 마인츠의 선제후가 사망하면서 임금이 동결되어 파리 생활이 궁핍해졌다. 라이프니츠는 재정난을 해결하기 위해 파스칼의 난점을 극복한 혁명적인 계산기를 제작하기도 했다. 라이프니츠는 덧셈과 뺄셈만 할 수 있는 파스칼의 계산기를 뛰어넘어 곱셈과 나눗셈까지 가능한 사칙연산 계산기를 발명해 당시 프랑스 파리 학술원과 영국 런던 왕립학회에 널리 알렸다. 이 기간에 이루어진 또 다른 하나의 창의적인 작업은 하위헌스의 아파트를 방문한 자리에서부터 무한수열에 관한 수학의 문제를 탐구한 이래 미적분 계산방법을 발견한 일이다. 라이프니츠는 귀국을 결심하면서 독일의 제후들에게 공국 법원의 추천서를 보냈고 그중 하노버의 프리드리히 J. Friedrich 공의 제안을 받아들여 하노버로 갈 결심을 한다.

라이프니츠는 파리에 체류하는 동안 데카르트 철학을 공부하다가 그의 공간 논의에서 실수를 발견했다. 데카르트는 분석기하학의 방법으로 공간에 좌표계 관념을 도입하여 한

점에서 직각으로 교차하는 세 축으로 삼차원 공간을 구성했다. 삼차원 공간은 공간 안에 있는 어떤 점이나 위치라도 좌표 값으로 나타낼 수 있다. 좌표계에서 공간을 분석하는 방법으로 세계에 대한 역학적 관점을 세워 마음속에 정한 점은 마음 밖의 공간상에 어떠한 점으로도 표시할 수 있다. 우주는 처음에 신이 정한 기계론을 바탕으로 진행되는 거대한 기계나 시계처럼 절대적으로 정지해 있거나 운동하고 있다. 데카르트는 좌표계에 존재하는 대상들은 절대공간에 존재하고 그들 사이의 위치에는 절대적인 차이가 있다고 했다. 좌표계의 절대적 관점에 따르면, 공간은 정지해 있든 운동하고 있든 대상들과는 다르다. 대상을 정확하게 표현하기 위해 공간은 진공과 같이 완전히 균일해야 한다. 그러나 그러한 좌표계는 상상적일 수밖에 없고, 현실적으로는 형태가 없는 균일적인 공간이란 존재할 수 없으며 우리가 자의적으로 부과한 것에 불과하다.

그렇다면 마음속에 있는 어떤 점을 어떻게 마음 밖의 좌표계를 통해 대상의 위치를 측정할 수 있는가? 라이프니츠는 공간과 마찬가지로 시간도 존재하지 않는다는 생각에서 출발한다. 즉 우리가 가지고 있는 시간과 공간의 관념은 단지 표면적인 상정에 불과하다. 시간과 공간은 절대적인 방식으로는 존재하지 않는다. 존재하는 것은 사물뿐이다. 빠르고 느리거나 멀고 가까운 것도 오직 시간과 공간에 대한 상대적 관점에 의존한다. 개개인은 보는 시각이 다르기 때문에 같은 사물을 다르게 본다. 절대공간과 절대시간은 없다. 오직 신만이 사물을 실제 있는 그대로 볼 수 있다. 우주는 미분 방식의 작은 점들로 구성되는 궁극적 사물의 실재로 이루어졌다. 공간과 시간의 속성을 갖지 않는 이러한 사물의 궁극적 실재가 모나드다. 모나드는 자연의 참된 원자다. 공간과 시간이 실재하는 것이 아니라 모나드가 있음으로써 공간과 시간이 구성된다.

(2) 파리에서 하노버로

라이프니츠는 파리 체류 시절 만물은 충족이유 없이는 일어나지 않는다는 충족이유율을 철학의 원칙으로 삼고 이에 대한 일반과학을 확립하고자 했다. 우주의 모든 인간, 만물, 만사에는 나름대로 존재하기 위한 충족이유가 있다. 왜 세계는 무無가 아니라 유有이며, 왜 다른 사람이 아니라 이 사람이 있으며, 왜 만사가 다르게 일어나지 않고 이렇게 일어나는가에 대해 각각의 충족이유가 존재한다. 이 충족이유율에 따라 사물의 본질을 파악하려면 정의와 동일성에 의거해서 분석해야 한다. 분석이란 대상을 더 이상 정의될 수 없는 단순한 원소들로 환원하는 것이다. 더 이상 분석되지 않는 원소는 정의에 의해 표현된다. 분석과 정의 과정에는 동일성의 원칙이 지켜진다. 특별히 동일성의 원칙은 '모든 술어 개념

은 주어 개념에 들어 있다predicatum inest subjecto는 논리형이
상학의 원칙에 의거한다. 즉 라이프니츠는 동일성의 원칙에
기초하여 모든 사물의 원소를 분석하고 환원함으로써 모든
이성적 존재자와 모든 사물에게 적용되는 진리에 도달되는
가능성을 믿었다. 이것은 오늘날 컴퓨터 프로그래밍 작업의
선구적인 작업으로 일반과학scientia generalis의 성립 가능성을
예측한 것이다. 일반과학 작업은 주어진 가능한 문제 상황을
분석하고 이를 좀 더 단순하고 이산離散적인 것으로 분해하
는 수학의 지류이다. 일반과학에서의 개념의 분석과 종합에
의한 방법론은 기계론적 역학을 포함한 다양한 자연과학의
문제영역에 적용될 수 있다.

　1676년 라이프니츠는 파리 체류를 마치고 런던과 네덜란
드를 거쳐 하노버로 가는 여정에서 레이우엔훅A. van Leeuwen-
hoek을 만나 현미경의 발명으로 얻게 된 생물학의 최신 정보
를 접했다. 또한 스피노자B. de Spinoza를 만나 신 존재에 관한
유익한 토론을 나누기도 했다.

　라이프니츠가 하노버 공국에서 맡은 첫 임무는 왕실의 궁
중도서관 사서 업무였지만 점차 하노버 공국이 벌여놓은 새
로운 재정 정책, 왕궁 정원의 분수대, 분화구에서 나온 온천
의 유용, 운하 네트워크를 통한 하천 관리체계의 청사진, 재
정 보험, 수자원, 운송수단 검사 등 다양한 분야에 종사하였
다. 1680년 하노버 공국의 주군 프리드리히가 "64년, 2달, 2

일 그리고 3시간의 일기"로 객사했다. 그러자 당시 오스나부르크를 지배하던 그의 동생 아우구스트E. August 백작이 하노버 공국의 왕위를 이어받았다. 하노버 공국의 새로운 통치자는 라이프니츠에게 왕실가족사를 집필하고 왕실계보를 연구하는 임무와 함께 하르츠 은광의 채굴을 추진하라는 과제를 부과했다.

라이프니츠는 연금술에 대한 학창 시절의 관심을 되살려 광산 문제에 전념했다. 17세기에는 일반적으로 화학자나 연금술사가 구분되지 않아서 실험화학은 독립된 화학의 영역으로 인정받지 못했다. 실제 산업현장에서도 부분 연금술의 방식이 그대로 통용되고 있었다. 라이프니츠는 여러 차례의 시도 끝에 하르츠 은광의 채굴 작업을 위해 갱내에 차오르는 물을 펌프로 끌어올리는 데 필요한 에너지 시스템을 개발했다. 그러나 그는 하르츠 은광의 노사 문제와 경영난 때문에 5년 만인 1685년에 은광 사업에서 손을 뗐다.

라이프니츠는 은광 업무에 종사하면서도 동시에 《형이상학론Discours de Métaphysique》과 《일반과학Generales Inquisitiones de Analysi Notionum et Veritatum》을 출간했다. 라이프니츠는 이 일반과학에서 도달하려는 것은 대부분 아주 근원적이고 복합적인 것의 공리적 해명이라고 생각했다. 단순한 개념에서 복합적인 개념에 이르기까지 개념을 기호나 상징으로 지시하는 것이 가능하면 이 개념체계에서는 분해와 용해가 동시에 가능하므로 연역적 학문이 생겨날 수 있다. 보편기호언어는 고대 중국의 상형문자나 이집트의 설형문자처럼 누구나 이해할 수 있는 것이다. 이러한 보편언어는 인류의 사회 관습과 사고방식을 합리적으로 개선하는 역할을 할 수 있는데, 오늘날 컴퓨터 디지털언어가 바로 그것이다.

(3) 이탈리아 여행길에서 만난 그리말디

라이프니츠는 하노버가家의 왕실 역사를 조사하기 위해 1687년부터 1690년까지 2년 7개월 동안 남유럽 지역을 여행했다. 그는 다양한 분야의 학자들과 교류하며 지질학, 광물학, 자연사, 주화 개혁, 중국 문화, 교회 개혁에 관한 담론을 벌였다. 이 시기에 뉴턴은 이른바 과학혁명사에 기념비를 세운 작품인《자연철학의 수학적 원리*Principia philosphia natiralis*》를 출간하였다. 예수회 중국 선교사들도 당시 100년이 가까운 중국선교활동 기간에 중국의 전통사상과 학문에 대한 연구의 학문적 결실로《중국철학자 공자*Confucius Sinarum Philosophus*》를 출간하고 있었다.

라이프니츠는 1689년 여름 이탈리아 여행길에서 예수회 중국 선교사 그리말디C. F. Grimaldi를 만난다. 그리말디는 중국과 유럽의 문명세계의 교량 역할을 하면서 청나라의 고위 관직을 겸하고 있었다. 라이프니츠는 그리말디를 만나 중국의 언어·문화·과학에서 인삼·의술·전쟁술·축성술에 이르기까지 중국 문명과 유럽 문화의 교류에 관한 30문항의 질문을 던지면서 동아시아 문명세계와의 교류를 원한다. 그리말디는 라이프니츠에게 당시 중국의 황제를 비롯해 황태자, 황족과 고위 관료들이 페르비스트F. Verbiest에게서 매일 3~4시간 동안 수학 교습을 받는다고 전해주었다. 강희康熙 황제는 유클리드를 이해했으며 삼각도법을 이용해 천체 현상의 운동까지 계산할 수 있는 실력을 갖추고 있었다고 한다. 라이프니츠는 그리말디에게 두 명에게라도 서양과학과 수학을 가르쳐 익히고 공부하게 한다면 그 민족의 국가나 역사와 문화 전체를 바꾸어 개혁과 진보의 변화를 이끌어갈 수 있다고 피력했다. 그의 이러한 생각은 역사의 진보와 세계의 낙천적 전개를 믿던 계몽시대에 선행하는 것으로 서양과 동아시아 문명세계와의 대화 담론에 선구적 의미를 던진다.

(4) 유기체 철학과 비교철학

라이프니츠는 1695년 《역학체계Specimen Dynamicum》에서 우주에는 두 가지 근본적인 힘에서 파생되는 네 가지 힘이 존재한다고 설명한다. 두 근본적인 힘은 활동적 힘과 수동적 힘이다. 동일한 활동적 힘이라도 형이상학과 물리학에서 다르게 파악되는데, 전자는 이를 근원적·활동적 힘이라 부르고 후자는 근원적·파생적 힘이라 부른다. 수동적 힘에는 스콜라철학자들이 1차적 질료라고 불렀던 근원적·수동적 힘과 형이상학에만 존재하는 파생적·수동적 힘이 있다. 현대 통일장 이론에서 우주에 실재하는 두 강력과 두 약력의 구분은 라이프니츠가 말하는 이 네 가지 힘과 닮아 있다. 라이프니츠는 여행 도중 뉴턴의 《프린키피아*Principia*》가 출간되어 성과를 거두었다는 소식을 접하면서 데카르트-뉴턴 역학을 개선하는 동역학 이론을 꾸준하게 전개했다.

라이프니츠가 이탈리아 여행 중에 전념한 것이 수학적 물리학에 기초한 유기체적 세계관의 꿈이었다면, 여행을 마치고 돌아와 착수한 작업은 수학에서 주목할 만한 이진법 연구였다. 여기에서 나온 그의 근본 아이디어에 따르면, 성서의 세계 창조에 대한 유비를 원천으로 삼아 모든 자연수는 0과 1의 이진 체계로 변형할 수 있다. 그는 1696년 봄에 이진법 산술 체계를 완성하고 1697년에는 이진법 체계를 도안으로 메달을 주조해 브라운슈바이크-볼펜뷔텔Braunschweig-Wolfen-büttel의 아우구스트R. August 공작에게 새해 선물로 바쳤다. 라이프니츠는 같은 해에 《최신 중국 소식*Novissima Sinica*》을 편집해 중국에서 활동하는 예수회 선교사의 활동상을 점검하면서 동서 문명의 교류가 가까워지고 있다고 지적했다.

1698년 1월 23일 하노버 공국의 에른스트 아우구스트 공작이 죽고 선제후의 장자 게오르크 루트비히G. Ludwig가 왕위를 물려받자 라이프니츠는 빈과 베를린으로 관심을 돌렸다. 라이프니츠는 1700년 파리 학술원 회원으로 위임받는 동시에 프로이센의 샤를로테 왕비에게서 재정을 지원받아 베를린 학술원을 건립했다.

라이프니츠의 이진법 연구 논문이 파리 학술원을 중심으로 유럽 학계에 널리 알려지고 있었을 때, 1701년 11월 4일 예수회 중국 선교사 부베J. Bouvet는 북경에서 라이프니츠에게 의미심장한 편지를 보냈다. 영국을 거쳐 1703년 4월 1일 하노버에 도착할 때까지 1년 5개월이나 걸린 이 편지에는 중국 문화의 창시자 복희씨伏羲氏가 만든 8괘에 의해 탄생한 주역의 64괘를 정방형에 배열한 〈방원도方圓圖〉가 첨부되어 있었다. 〈방원도〉에는 64괘가 하나는 사각형, 다른 하나는 원형으로 각각 두 가지 방식으로 배열되어 제시되어 있다. 부베는 주역의 64괘가 라이프니츠가 창안한 이진법의 수리 구조와 일치한다고 주장했다. 라이프니츠는 이 편지를 받고서 이는 유럽 과학의 도움 덕분에 중국인의 학문적 전망을 밝게 해줄 것이라고 해석되며, 결과적으로 기독교의 진리를 전하는 데 도움이 될 것이라고 말했다. 0은 무를 상징하고 1은 만물을 상징하는데, 0에서 1에 의해 천지의 만물이 창조된다. 첫날에는 하나님만이 존재하고 일곱째 날에는 만물이 존재한다. 7을 이진법으로 표기하면 111인데 이것은 7일을 가장 완전하게 쓰는 데 사용된다.

라이프니츠는 뒤이은 1703년 4월에 부베가 추측한 내용의 서신을 예수회 소속의 보타C. M. Vota에게 보내는 동시에 비뇽A. J. Bignon에게 파리 학술원의 비망록에 실을 논문 〈이진수의 해명, 복희씨의 고대 중국의 괘에 주어진 유용성과 의미에 주석과 0과 1만을 사용하는 이진수의 해명Explication de l'arithmetique binaire, qui se sert des seuls caractères 0 et 1, avec remarques sur son utilité, et sur ce qu'elle donne le sens anciennes figures Chinois de FOHY〉을 보냈다. 여기서 라이프니츠는 비뇽에게 자신의 이진법과 주역의 괘가 수리적 구조에서 동일하다는 부베의 발견을 인정했다.

라이프니츠가 베를린 학술원을 창설하기 위해 베를린에 여러 달 체류하고 있을 때인 1705년 2월 1일, 샤를로테 왕비가 37세의 젊은 나이에 병으로 사망했다. 라이프니츠는 그녀가 세상을 떠난 뒤, 그녀가 살아 있을 때 나눈 대화에서 비롯된 신의 정의와 인간의 자유에 관한 철학적 주제들을 담은 《신에 대한 호의, 인간에 대한 자유 그리고 악의 기원을 위한 변신론Essais de Théodicée sur la bontéde Dieu, la libertéde l'homme et l'origine de mal》을 집필했다. 라이프니츠는 로크의 감각주의를 반박하기 위해 《신인간오성론Nouveaux essais sur l'entendement humain》을 집필했지만, 로크가 세상을 떠나는 바람에 출간을 유보했다. 이 책은 라이프니츠 사후인 1765년에 출간되었다. 라이프니츠는 1711년에 러시아의 표트르 대제를 만나 러시아의 과학기술 개혁에 관한 자문에 응했으며, 1712년에는 하노버를 떠나 약 2년 8개월 동안 빈에 체류하면서 황제를 보필했다. 이 기간에 〈모나드론〉과 〈이성에 근거한 자연과 은총의 원리〉를 집필해 각각 르몽과 오이겐 왕자에게 보냈다.

라이프니츠가 황제의 도시인 빈에 오랫동안 거주하자 하노버 공국은 연봉 삭감으로 위협하면서 귀환을 강력히 요청했다. 그 무렵 영국에서는 앤 여왕이 서거해 영국 왕실의 후계 문제가 임박해 있었다. 앤 여왕 이후 영국 왕실의 적통을 이을 가장 유력한 인물은 하노버의 게오르그였는데, 만약 그가 영국 왕 조지 1세로 즉위할 경우 라이프니츠는 영국사가가 되어야 했다. 라이프니츠는 하노버로 돌아왔지만 게오르그는 가택연금 조치로 하노버 공국을 떠나지 못했고 영국으로 소환되지도 않았다. 이때까지도 라이프니츠는 빈의 황제를 선택할 것인지 하노버에 머무를 것인지 고민했던 듯하다. 1716년 가을이 되면서 심각한 통풍 때문에 병석에 누운 라이프니츠는 그해 11월 14일 세상을 떠났다.

2. 이성과 신앙의 원리, 〈이성에 근거한 자연과 은총의 원리〉

(1) 단순실체와 모나드 지각이동

이 저작은 몸의 철학과 마음의 철학이 왜 각각 이성과 은총을 필요로 하는지를 아주 쉽게 설명하고 있다. 그러나 이 저작이 쉽게 읽히는 탓인지, 라이프니츠 사후에 이 저작의 밑바탕에 깔린 개별자의 개념 구조에 대한 논리적 탐구와 수학적 결과들은 간과되었다. 개별자의 개념은 동역학에 대한 물리학의 성과에 기초하여 자연의 통일에서 무한한 다수성으로 이어지며 모나드 개념으로 안착된다. 본문은 〈모나드론〉에서처럼 실체의 새로운 규정에서 출발한다. 단순실체란 활동적인 존재로서(§1) 모나드의 내적 상태를 가리킨다. 모나드에는 하나의 지각에서 다른 지각으로 이동하려는 욕구를 담은 내적 지향성이 있다(§2). 이러한 상황에서 외적 자연은 단순실체에 의해 이해되어야 한다. 지각의 통일로서 모나드의 내적 상태는 무한한 외적 대상으로 이동한다. 곧 모나드의 내적 지각 양태와 이들에 연관된 내적 변화의 계기가 외적 대상의 다수성의 근거로 주어진다.

물질세계는 만물이 인과적으로 연결되어 있어서 모든 물체는 모든 다른 물체에 직간접적으로 영향을 준다. 이것은 모나드가 세계를 표상하는 데서 모나드로 하여금 물체의 법칙과 상응하게 하는 일치를 가져온다. 그러나 모든 모나드는 전체 우주를 매 순간 자신의 관점에서 표상하는 살아 있는 거울이고 창조는 신의 선택에 의존하기 때문에 모나드가 지각하는 것에 대한 귀결은 인과적이 아니라 목적론적이다. 칸트는 순수이성에 의한 외적인 자연에는 인과적인 자연법칙을 적용하고 내면의 마음에는 실천이성의 목적론적인 도덕

법칙을 적용했지만 라이프니츠는 자연에 있는 모든 사건을 인과적이며 또한 목적론적으로 이해한다. 신은 단순하며 최상의 완전성을 지니는 근원적인 실체로서 가장 완전한 그리고 가능한 질서의 세계를 선택해 창조했기 때문이다. 이것이 물질세계의 운동법칙뿐만 아니라 모든 모나드의 전체 경과를 조화에 관련되게 한다. 그러므로 창조질서에는 처음부터 모나드의 지각과 몸의 운동법칙 사이에 완전한 일대일의 조화가 있다. 이때 모나드와 물질세계의 관계가 정확하게 그려질 수 있다. 모든 모나드는 영혼으로서 단순실체가 속한 유기체의 중심을 형성할 때 모든 부분이 서로 간의 적절한 회중을 바탕으로 통일을 이룬다. 이 통일은 생물학적 의미의 세포 조직처럼 모든 부분이 무한하게 유기체를 간직하므로 언제나 살아 있다. 단순실체는 부분을 갖지 않지만 복합실체는 부분을 가질 때, 부분을 갖는 복합실체의 다수성의 근원은 몸이다. 몸은 단순한 현상이 아니라 일종의 살아 있는 실체로서(§4) 표시되는 한 단순실체와 복합실체의 긴장 관계를 유지한다.

우리는 조석 간만의 차이가 큰 서해안 해변을 걸으면서 밀물과 썰물을 지각하거나 동해안이나 남해안 또는 서해안에서 수많은 바다 미생물의 활동을 발견할 때도 직접인지 대상이 아닌 달과 지구 사이의 인력작용을 파악하여 더 큰 조화의 세계를 열어간다. 사람은 무한한 지각의 복합성을 갖지만 특별히 실험실 설비의 인식조건을 제외하고는 그가 몸으로 지각한다고 지각된 모든 것이 통각이 되지는 못한다. 해변 산책길에 파도 소리를 듣는 것은 미세한 파동지각의 작동에 반응하는 것에 지나지 않는다. 이런 단계의 지각에서는 전 우주를 꿰뚫는 반성적 지각으로서의 통각에 곧장 도달할 수 없다. 질료 자체는 운동과 정지에 대해 무차별적이고 특정 운동의 근거를 갖지 않기 때문이다. 여기서는 충족이유 없이는 어떤 일도 일어나지 않는다는 원칙에 따라 세계의 우연적 존재의 잇달음의 충족 근거인 신을 찾아야 한다. 운동과 그 이전의 운동 등 우연적 사물의 잇달음은 만물의 최종원인인 신이 있기 때문에 발생하는 것이다(§8).

우리 마음이 다양한 의식의 변화를 지각할 때 '나' 자신에 놓인 의식의 등급은 기억에 대한 반성능력에서부터 의식의 상실과 비교될 만한 낮은 단계의 지각상태에 이르기까지 다양한 층이 있음을 알아차릴 수 있어야 한다. 인간, 동물, 식물, 단순한 생명체의 존재 위계에는 이러한 의식의 등급이 있다. 이 가운데 높은 의식 단계의 반성 능력이 있는 영혼을 정신이라고 부른다. 정신의 특징은 이성적인 본질로서 논리학·수학·기하학을 필연적인 진리로 인식하고 과학을 취급하게끔 추론할 수 있다는 데 있다. 동물의 모나드와 정신의 결정적인 차이는 정신만이 스스로 우주의 거울일 수 있다는 데 있다. 정신만이 신성의 모사로서 이해될 수 있다. 정신은 그

작용 범위 내에서는 신과 같은 능력을 발휘한다(§14). 이로써 정신은 모든 국가 가운데 가장 완전한 국가인 신국의 일원이 된다(§15).

(2) 17세기 목적원인과 동굴의 비유

17세기의 인식론 요구는 이성의 뿌리는 지각에 있고 감성의 뿌리는 욕망에 있다는 합리론과 경험론 사이의 공통된 문제의식을 해명하는 데 있다. 합리론이 이성을 추구하고 경험론이 감성에 더 치우쳐 있었다면, 라이프니츠는 이 저작에서 근대인이 맞닥뜨린 근본적인 인식론적 상황을 지각과 욕망에 의한 정신 활동으로 파악하므로 시대철학의 요구에 부응하였다.

당시 데카르트의 기계론은 유물론에 치우친 나머지 살아 있는 자연을 발견하려는 지각능력을 놓치고 있었고, 스피노자의 자연은 위험에 노출된 욕망의 기능을 약화시켜 신에 의한 창조의 원상을 보존하기 어려웠다. 뉴턴의 자연철학의 실험적 방법은 자연의 과정의 개입하므로 만물을 창조할 때 신 자신이 예비해놓은 조화를 스스로 훼손하는 유물론으로 자연신학을 파괴하고 있었다. 실제로 오늘날 갈릴레이의 자유낙하 실험에서 히로시마 원폭 투하까지 오로지 이성에만 의지해 연구하고 실험하고 생산된 자연과학기술은 은총 없는 이성의 발전만 이룩해온 셈이다. 근대과학기술의 인식론적 문제 상황의 해결은 자연과 은총을 요구했던 라이프니츠의 생각으로 돌아가야 한다. 라이프니츠 철학의 이상은 고대 그리스 철학과 중세 철학을 거친 근대과학의 인식론적 요구를 종합하는 것이다.

라이프니츠는 1714년 1월 10일, 르몽에게 다음과 같이 털어놓았다.

나는 역학의 최종원인과 고유한 운동법칙을 찾았을 때, 수학에서 이것을 발견할 수 없어서 형이상학으로 되돌아가야 했다는 데 아주 놀랐다. 이 점이 나를 완전현실이라는 개념으로 안내했고, 질료적인 원인에서 형상적인 원인을 추구하게 했으며, 내가 얻은 개념들을 수십 번 개선하고 반복해 정리하게 했다. 최종적으로는 모나드나 단순실체만이 유일한 참된 실체이고, 물질적인 사물은 잘 근거 지어지고 밀접하게 결속된 현상이지만, 단지 가상에 지나지 않는다는 생각을 굳히게 했다. 여기에 대해서는 플라톤 후기 아카데미 사람들과 피론Pyr-rohon주의 회의주의자들도 어떤 것을 감지했다. 그러나 플라톤 이후의 사람들은 이러한 인식을 플라톤처럼 잘 이용하지 못했다.[1]

플라톤의 《국가Politeia》 제7권 '동굴의 비유'에 따라 라이프니츠의 이 주장을 해석하면 데카르트와 데카르트주의자 및 뉴턴은 쇠사슬에 목과 발이 묶여 눈앞의 벽만 바라보고 앉아 있는 죄인들과 같다. 이들은 서로 말을 주고받을 수는 있지만 뒤나 옆을 볼 수 없는데, 어려서부터 어두운 동굴 안에서 그렇게 살아왔기 때문에 감각적으로 전혀 문제를 느끼지 않는다. 그들이 앉아 있는 곳 바로 뒤의 담 위로는 횃불이 타오르고 담 위로 지나다니는 대상들을 비추고 있어서 마치 영화관처럼 벽면에 그림자가 비친다. 죄인들은 그림자만 보아왔기 때문에 그것이 실상이라고 생각하지만, 그들이 보고 말하는 대상은 실제의 사물과 전혀 일치하지 않는다. 드디어 한 포로가 쇠사슬에서 풀려나 동굴을 빠져나와 바깥세상을 처음 보지만 너무나 눈이 부셔서 외부 세계의 사물을 제대로 지각하고 인식하며 살펴볼 수 없다. 그렇기 때문에 그는 사물을 흐릿하게만 인식할 따름이다. 그러나 그는 점점 빛에 익숙해지면서 있는 그대로의 자연을 보고 나아가 태양까지도 바라보게 된다. 이 포로는 태양을 보고 난 다음 지금까지 보고 느끼고 알아왔던 과거의 모습이 허상이었다는 사실을 깨닫는다. 그래서 그가 자신이 보고 경험한 새로운 진실을 동료들에게 알리기 위해 지하 동굴로 다시 내려가자 동굴 극장은 술렁이기 시작한다. 옛 동료들이 고개를 돌려 빛을 보려 하지만 강한 빛에 적응되지 않은 이들의 눈은 고통을 느낄 뿐이다. 게다가 그들의 움직임이 횃불의 빛을 가려 이전에 보았던 그림자마저 보이지 않는다. 그래서 대부분의 죄인들은 전혀 동요하지 않고 서로를 더욱 굳세게 결속하며 석방된 포로의 이야기를 오히려 웃음거리로 삼고 심지어 동굴 안을 소란스럽게 만든다고 그를 죽이려고까지 한다.

　뉴턴도 영국의 케임브리지가 페스트로 폐쇄되었던 1666년 '놀라운 해annus mirabilis'에 시골 고향 마을의 어두운 방 안에 들어앉아 빛의 성질을 관찰하기 위해 공간을 전부 차단한 실험실을 설치했다. 뉴턴은 이 어두운 방 안에서 작은 구멍으로 들어온 백광의 빛에 프리즘을 갖다 대었다. 그러나 구멍을 통하여 들어온 빛은 프리즘을 통하여 반대편 벽에 7가지 무지개 색깔로 나타났다. 뉴턴은 또 다시 이들의 빛을 한 곳으로 모아 두 번째 프리즘으로 통과시켰다. 그러자 이 7가지 무지개 색깔의 빛은 처음의 구멍으로 통하여 들어올 때의 백광으로 변화하였다. 여기서 그는 처음 들어온 백광은 각도와 강도에 따라 7가지 무지개 색깔이 되었지만 두 번째 프리즘을 통해 굴절된 빛은 처음과 동일한 백광으로 수렴된다는 결과를 얻었다. 뉴턴의 이 '백광실험'은 한자로 표시하자면 이를 시간적으로 해석한 백즉시색白卽時色 색즉시백色卽時白이라는 표현과 같을 것이며, 〈마하반야바라밀다심경〉의 색즉시공色卽是空 공즉시색空卽是色과 같을 것이다. 뉴턴의 백광실험은 마치 플라톤의 동굴 극장을 재현한 것과 같으며 현대물리학 실험실의 표본적인 지식을 획득하는 과정의 모델이 되었다.

플라톤의 동굴의 죄인에서 뉴턴의 방안의 백광실험까지 해명되지 않은 부분은 라이프니츠는 본문 §25에서 "영혼에서 일어나는 선행 과정이 어떻게 감각기관에서 생기는 것을 표상하는지를 수시로 설명할 것"이라면서 §56에서 그것을 "각자의 단순실체가 지속적으로 우주의 살아 있는 거울이 되는 관계"라고 해명한다.

(3) 모나드 영화관

〈이성에 근거한 자연과 은총의 원리〉에서 지각과 통각을 매개로 '동굴'을 탈출한 철학자는 스스로 내적인 변화의 원칙으로 이동한다. 그는 동굴 밖의 세계와 태양을 직접 바라본 체험을 시각화하려고 한다. 강한 햇빛 앞에서는 눈물이라는 도구로 눈부심에 대응한다(§4). 아직까지 동굴 안에 있는 동료 죄수들은 단순 모나드의 전라지각상태에 머무르고 있다. 근대에 베이컨F. Bacon은 동굴에서 탈출한 죄인도 동물과 이성적 동물의 차이를 밝힐 수 없는 지각상태인 현실세계에서 종족번식을 향한 도약을 시작한다고 본다. 플라톤적 의미의 동굴을 탈출한 데카르트는 동료 죄수들을 동굴 밖으로 안내하기 위해 '생각한다'에서 '존재한다'를 도출했다. 그의 사유주체는 동굴의 안팎에서 일어나는 '생각하다'의 지각 등급의 차이에 대한 명석 판명함이라는 존재론적 처방을 내놓았다. 라이프니츠는 죄인은 "창조자의 관점에 따라"[2] 자신의 지각과 욕망을 조절함으로써 나머지 만물과 양립하는 방향으로 나아간다고 진단한다. "사람들이 신은 어디에서나 중심점이고 신의 주변은 어디에도 없다고 말한 것은 옳다(§13)." 그는 자신이 죽음이나 불의의 사고로 빠지게 되는 무의식에서 벗어나지 못하면 '신은 없다'는 무신론으로 전락하기 좋은 처지에 놓여 있음을 안다.

슈페만R. Spaemann에 따르면, 그는 누군가 동굴 밖으로 나갔다가 동굴 안으로 다시 돌아왔다는 소문이 떠도는 바람에 소문의 미디어처럼 마치 신과 같이 되어버렸다. 그래서 현대의 미디어 관점에서 보자면, 이 동굴에는 한편으로 동굴 밖에 대하여 말하는 참된 이야기의 실상을 믿지 않으려 하면서 다른 한편으로는 될 수 있으면 그 소문의 진원지를 배제하려 하는 또 다른 허상이 생겨났다.

라이프니츠는 다음과 같이 말한다.

……더 이상 다른 근거를 필요로 하지 않는 충족이유는 우연적 사물의 잇달음 밖에 놓여야 하고 그의 원인이나 그 자체로 존재 근거를 갖는 하나의 필연적 존재인 실체에서 발견되어야 한다. 그렇지 않으면 거기에서 잇달음을 종식할 수 있는 충족이유를 찾을 수 없을 것이다. 사물의 이 최종원인을 신이라고 부른다(§8).

근대과학은 세계의 인과법칙에 대한 물리학적 이론을 제공했다. 칸트는 자연법칙이 있다는 것은 항상 두근거리는 놀라움의 근거라고 했으며, 아인슈타인도 자연현상을 수학적으로 설명할 수 있다는 것은 항상 놀라움의 근거이며 신적인 근원의 지시라고 했다. 칸트나 아인슈타인의 말처럼 자연법칙은 경이롭다. 그럼에도 불구하고 동굴의 비유의 철학자도 모나드 영화관의 철학자도 세계의 사물의 잇달음 바깥에 있다. 사물의 잇달음의 원인은 세계 내적인 조건으로 설명되지 않고 신과 관련해서만 설명될 수 있다. 영사기는 필름의 원인의 사슬에 속한 것이 아니다. 하지만 누군가 영사기를 돌려야만 영화를 계속 관람할 수 있다. 이처럼 인간도 내적인 경험만으로는 현실세계를 이해할 수 없다. 비트겐슈타인L. Wittgenstein이 말한 대로 자연법칙이 자연의 사건들을 설명해주리라는 것은 미신이다. 그것은 자연과학적인 세계관, 이른바 자연법칙이 자연현상을 설명해줄 것이라는 기만에 빠져 있기 때문이다. 옛날 사람들이 신과 운명에 대해 생각한 것처럼, 사람들은 유독 자연법칙은 건드릴 수 없는 것으로 여기고 있다.[3] 그러나 자연법칙은 단지 자연의 구조적 규칙성만을 기술할 뿐이다. 이러한 규칙성은 무엇이 왜 일어나는지를 설명하지 못하며 수학의 명제들처럼 강제적인 것도 아니다.

철학자는 이제 동굴 밖의 조건에서 대상을 인식해야 한다는 인식론적 문제에 부딪친다. 동굴 안에서는 본래적인 지각 상태가 비非본래적 감각상태로 바뀌어 지각이 작동되지 못하였다. 동굴 밖에서는 본래적인 상태로 돌아왔음에도 인식 조건이 주어지지 않은 상태. 이런 맥락에서 근대과학은 기다림에서 됨을 알아가는 철학적 인식조건의 탐구를 벗어나지 못한다. 무조건적인 기다림에서 됨이 모두 과학의 탐구 대상이 될 수 없다. 근대과학은 마치 플라톤의 동굴의 비유에서 동굴을 탈출한 포로 철학자처럼 철학자 자신의 자체적인 인식조건의 생성에서 해방되는 과정을 뜻하게 되었다.

동굴 안팎은 지각과 통각의 정상 상태에서 끊임없는 최적의 조건과 비율을 맞추어 더 나은 상태로 다가가야 한다. 신은 무조건적이므로 라이프니츠는 영원한 이성의 진리에 따른 신과의 공동체를 제안한다(§15). 철학자는 신의 영적인 조망 상태인 지복에 도달하더라도 신의 조망을 전부 인식할 수는 없다. 그렇기 때문에 "새로운 기쁨과 완전성을 향해 항상 되어가는 전진"[4]에 있어야 하는데, 이것이 바로 이성의 천명이다.

철학자가 해변을 산책하며 밀려왔다 쓸려가는 파도 소리에서 혼동된 소리를 듣는다 하더라도 전 우주의 운행에 대한 뛰어난 지각을 다 갖추기는 어렵다. 철학자의 영혼은 애초에 신이 정해놓은 "(무게, 척도, 수, 기타 등등)······ 을 조절했던 과학을 발견하는 범위 내에서" 신이 흔쾌히 창조했던 세계를 모방한다(§14). 이제 동굴 밖의 세계를 경험하고 이성적 추론을 통해 외부세계를 지배하는 법칙을 이해한다. 철학자는 언제 음악이 기쁨을 선사하고 언제 대상과의 적절한 비율이 기쁨을 선사하는지에 대한 인식조건을 알게 되면서, 어두운 '동굴 극장'에서 '모나드 영화관'을 떠난다(§17).

3. 라이프니츠 철학의 유언서, 〈모나드론〉

(1) 모나드, 신 그리고 세계

라이프니츠 철학의 유언서라고 불리는 〈모나드론〉은 그의 사상체계 전체가 프로그램 언어에 가까운 총 90개의 짤막한 문단으로 요약되었다. 칸트의 《순수이성비판》이나 헤겔 G. W. F. Hegel의 《정신현상학*Phänomenologie des Geistes*》, 아퀴나스Thomas Aquinas의 《신학대전*Summa theologiae*》, 아리스토텔레스의 《형이상학*Metaphysica*》 등과 분량 면에서는 비교가 안 된다. 아인슈타인의 논문들이나, 심지어 짧기로 유명한 7문장 단위로 구성된 비트겐슈타인의 《논리철학 논고*Tractatus logico-philosophicus*》보다도 분량이 적다.

〈모나드론〉의 주제는 세 가지로, 모나드·신·세계로 좁혀지며, 이를 세부화하면 이성, 신, 우주, 유기체, 영혼, 국가 그리고 자유의 문제로 넓힐 수 있다.

§1~13 : 이 구절은 모나드의 존재론적 관점에 대한 프롤로그이다. 등산에 비유하자면 등산 준비단계인 등산로 입구에 해당한다. 《변신론》 서언에서 제기된 이성에 의한 질료세계의 가분성과 지속성에서 부분을 갖지 않는 모나드 지각의 통일에서 철학자는 산을 오르기 시작한다.

§14~28 : 모나드 지각은 항상 하나의 지각에서 다음 지각으로 이어지므로(§15) 통일로서 존재론적 지절을(§14) 이루므로 철학자는 산 중턱에 해당하는 인식론적 관점에 도달한다.

§29~36 : 이성과 기억을 차별화하는 데 이성 진리의 법칙에 대한 논리적 관점을 다룬다. 인간만이 이성을 수단으로 논리적 원칙에 따라 추론하고 필연적 영원한 진리를 인식한다. 인간은 스스로를 신과 같은 인식으로 고양시키지만(§29) 짐승은 학습된 기억으로 이성과 유사한 확률에 근거하긴 하면서도 진리에 정초되지 않는 감각 지각의 사슬에 매어 있다. 산 정상 등극 직전에 동물과 인간의 차이는 이성으로써 갈라진다.

§37~48 : 산을 정복한 신학적 관점에서 철학자는 모나드 체계의 정상을 기술한다. 구체적으로 §37~42에서는 신 존재를 아프리오리하게 논증하고, §43~45에서는 신 존재를 아포스테리오리하게 논증한다. 특히 §46~48은 신의 본질, §46~47은 신의 섬광, §48은 신의 권능·지식·의지를 다룬다.

§49~62 : 철학자는 산 정상의 바로 아래로 내려가면서 지나쳐온 경치를 바라보며 하산을 준비한다. 우주론적인 관점에서 신이 창조한 세계의 완전성을 조망하면 모나드 사이에 존립하는 인과율은 신에 의한 보편조화에 기초해 성립하고 있음을 발견한다.

§63~81 : 산에 오를 때의 입구로 다시 내려온다. 모든 모나드는 하나의 작은 우주를 모사한다. 그들은 유기체적 관점에서 상이한 지각의 등급으로 혼동되어 있음을(§60) 깨닫는다.

§82~90 : 철학자는 산에서 평지로 내려오면서 인간의 이성적 본질의 특별한 지위는 사회공동체에서 실현된다는 새삼스러운 진리를 확인한다. 지상의 인간학적 관점에서 보자면 이성적 존재의 사회적 관계는 도덕적·실천적 질에서 인식된다. 최상의 보편조화가 있는 신국, 곧 기독교적 차원에서 천국은 존재 위계 전체의 도덕적 질서를 반영한다.

(2) 모나드 형이상학

라이프니츠는 지금까지 있어온 인류의 영원의 철학philosophia perennis에 도전하고자 했다. 영원의 철학이란 현실에서 영원한 세계에 이르거나 도달하려는 지혜의 사랑이다. 영원의 철학이란 일즉다 다즉일─卽多 多卽─의 형이상학을 완성하는 것이다. 그러자면 현실적인 모든 것은 필연적으로 하나이고 고유한 하나는 다시 다수성에 도달해야 한다. 르네상스 시기 소우주와 대우주의 구분도 이러한 형이상학의 완성을 전제한 것이며, 데카르트 철학에서 사유와 연장의 구분이라든가 스피노자의 능산적 자연과 소산적 자연이라는 구분도 이러한 영원의 철학의 요구에 부응하는 것이다. 소우주인 나에게서 출발해 대우주에 이르고 대우주에서 소우주인 나에게로 다시 돌아오는 철학은 르네상스 인간이 꿈꾸던 이상이다. 지구가 네모난 것이 아니라 둥글다는 신념으로 신대륙을 찾아 나선 탐험가들의 정신이 그랬다. 이러한 진리는 한 사람의 달나라 여행이 만인에게 꿈과 희망을 주고, 만인의 열망이 한 사람의 꿈을 실현시키는 것과 일치한다. 한 사람이 범죄를 저지름으로써 인류가 죄악에 빠졌고 한 사람으로 말미암아 인류가 구원을 얻었다는 기독교 논리에도 이러한 '일즉다 다즉일'의 형이상학이 있다. 불교의 의상대사도 〈화엄일승법계도華嚴一乘法界圖〉에서 일중일체다중일一中一切多中一 일즉일체다즉일一卽一切多卽一[5]이라는 같은 논리를 펼쳤다.

하나에서 출발해 여럿으로 나아가고 다시 여럿에서 하나로 돌아온다고 할 때 라이프니츠는 하나로 대변되는 숫자의 개념에 곧바로 모나드의 속성을 적용했다. 단순실체로서 모나드에는 영원의 철학에 도달하는 작동원리가 있다. 자동차가 휘발유라는 연료를 사용해 움직이도록 설계되었다면 모나드는 지각과 통각을 바탕으로 움직인다. 모나드 지각은 내적 상태의 변화를 주도하며 질주한다. 모나드는 작은 것에서 큰 것으로 단순한 것에서 복잡한 것으로 더 많은 조화를 이루는 아름다움으로 지각 이동을 한다. 이와 같이 하나의 지각에서 다른 하나의 지각으로 방향성을 잡고 나아가는 반성적 지각을 일컬어 통각이라고 한다. 지각이란 '나는 생각한다'는 '코기토cogito'를 의미한다. 그러나 '코기토'의 의식에서 비교적 낮은 단계부터 최고로 높은 단계까지를 모두 포괄한다. 그래서 '나는 존재한다'는 '숨sum'의 단계에 이르면 이미 단숨에 반성적 지각에 도달한다.

끊임없이 혼동된 지각은 아주 낮은 단계의 미세지각만을 갖는 전라 모나드까지 내려가며 동시에 모든 것을 판명하게 지각하며 통각하는 신적인 모나드까지 올라간다. 말하자면 모나드의 지각은 존재계 전체를 통틀어 최고의 신에서 최하위의 미물에까지 내려가며, 내적인 활동으로 엔텔레케이에 이른다. 모든 모나드는 자기만족적인 '비물체적'인 자동기계로서 그들의 활동원칙에 따라 쉴 새 없이 그들 전체 삶의 프로그램을 만들어나간다. 모든 자동기계 안에 또 자동기계가 있으며 이러한 이어짐은 무한하다. 그래서 전체 세계는 미분화하는 작은 것까지 살아 있는 영혼으로 가득 차 있다. 우주에서 죽음과 탄생은 단지 가상적인 관념일 따름이다. 정신의 모나드는 이런 연관을 인식할 능력이 있으며 신국의 공동체를 만드는 계획으로 가득한 이성적 행동을 파악한다.

지각의 등급화에 따른 반성적 능력으로 통각을 만들어가는 영혼은 이성적인 영혼이나 정신이라는 특별한 지위를 얻는다. 인간은 고도의 영혼을 소유한 정신으로 자신의 인식을 확장하려 한다. 모든 모나드는 지각과 통각이라는 동일한 원칙을 갖지만 개별화 때문에 서로 다른 등급으로 존재한다. 이 개별화는 모나드의 내적인 질이 통일됨으로써 가능하다. 모든 모나드는 주변의 실체나 우유偶有를 그들의 내부로 받아들여 서로를 들락날락하게 하지 않는다. 〈모나드론〉 §7처럼 모나드에는 창窓이 없다. 모나드에는 실체와 우유 사이의 왕래가 없다. 대신 그 자리에는 〈모나드론〉 §56처럼 이른바 거울이 들어선다. 언뜻 라이프니츠의 중기 사상에 해당하는 《형이상학론》의 개별실체와 〈모나드론〉의 단순실체 사이에 있는 모종의 간격이란 바로 이 거울과 창문의 은유에 놓여 있다. 모든 모나드는 그들의 지각에서 또는 그들의 거울에서 전 우주를 표현한다.

모나드는 이 거울을 통해 다즉일多卽一로 회귀하는 형이상학적 반성에 이르고 궁극적으로는 이 거울에 다多로 비추이는 일一로 귀일한다. 일즉다一卽多의 원칙이 모나드의 내적인 상태를 움직이는 지각 이동의 원리라면 다즉일의 원칙은 지각에서 지각으로 이동해 얻어진 반성적 통각의 원리다.

그러나 각 모나드는 지각의 활동이 아니라 명료성의 지각 등급에 따라서 구분된다. 모든 모나드는 불멸이고 불사일지라도 지각 등급에 따라 광물적이고 식물적이고 동물적이고 인간적이고 신적인 존재가 된다. 식물에게는 식물의 혼, 동물에게는 동물의 혼, 인간에게는 이성적 영혼이 있어서 서로 존재의 변화를 이루어간다. 굳이 인간과 자연을 분리하지 않고 보려고 한다면, 라이프니츠의 유기체 이론에 따라 둘 사이에는 정도의 차이만 있을 뿐 질적인 차이는 없다고 보는 것이 타당하다.

자연의 삼라만상에는 저마다의 모나드가 있어서 이들의 내적인 상태를 주도하는 지각이 있고, 지각방식의 명료성에 따라 세계의 존재방식도 다르게 파악한다. 만물 중에는 단순한 지각만 갖춘 존재도 있고, 직관적인 전망으로 신에게까지 이르는 지각만 갖춘 존재도 있다. 각 모나드는 활동적 힘을 가지며 끊임없이 새로운 욕망의 대상을 찾아가기 때문에, 이러한 과정의 최종 도달점은 엔텔레케이아다. 그리고 이러한 에너지의 원천을 코나투스conatus 또는 니수스nisus라고 부른다.

모든 잠재적인 것이 현실적으로 달성되는 모나드의 활동적인 힘의 과정에는 특별히 모든 술어 개념이 그 주어 개념에 포함되어 있다는 논리형이상학의 원칙이 적용된다. 특히 하나의 완전한 개념을 갖는 모나드는 그 자체로 주어의 모든 술어를 포함하며 그의 술어들은 광범위한 충족이유들의 네트워크에 연결되어 있다. 모나드는 그 자체로 미래에 나타날 모든 속성을 '잠재적으로' 지니고 있을 뿐만 아니라 과거에 드러냈던 모든 속성의 흔적을 포함하고 있다. 모나드는 잠재적으로 미래에 나타나며 제시될 모든 속성을 포함하므로 미래를 잉태하고 과거를 짊어지고 있다. 모나드 안에 있는 활동적인 힘은 그들의 술어를 항상 동시적으로 작용하게 하므로 술어들은 곧 모나드들 안에 서로 겹쳐 있다. 이 때문에 살아 있는 거울인 모나드가 서로를 생생하게 비추면 비출수록 존재의 흔적으로서 우주의 주름이 잘 드러난다.

라이프니츠는 1687년 4월 30일 아르노에게 보내는 편지에서 하나로 있다는 것은 수적인 의미에서 통일이고, 다양성의 통일은 단순한 것들의 집적이라고 한다. 하나에서 여럿이 되는 것은 단순실체에서 복합적인 것들이 되는 것을 말한다. 말하자면 일즉다는 곧 단순실체에서 복합실체로 가는 여정이다. 단순실체는 부분이 없는 단순한 형이상학의 점에서 출발한다. 단순실체는 모나드이지만, 이 단순실체는 복합적인 것에서 현상의 한 틀을 형성한다. 단순한 실체로서 모나드는 활동할 수 있는 힘으로 복합적인 현상계의 존재계로 들어간다.

그런데 일즉다로 나아가는 길에서 연장과 질료가 없는 모나드가 어떻게 연장과 질료를 갖는 다양성의 세계로 나아가는지를 설명해야 한다. 이는 바늘 위에 얼마나 많은 천사들이 앉을 수 있는가 하는 문제의식과 상통한다. 연장이 없고 물질적이지 않은 천사가 임의적인 유한한 장소에 무한하게 나타나는 것은 문제가 되지 않는다. 하지만 모나드가 바늘머리 위라는 특정한 유한한 장소에 무한하게 앉아 있다는 것은 모순이다.

이 문제를 풀기 위해 라이프니츠는 표상 또는 의식이라는 단어를 사용한다. 이러한 표상은 외부에서 야기되는 것이 아니라 끊임없이 신에게서 온다. 모나드는 서로 상호작용도 하지 않고 물리적이나 인과적으로 연결되어 있지도 않지만 한 모나드의 표상은 다른 모나드의 표상과 일치할 수 있다. 신은 이러한 길을 준비했고 신에 의해 상호 협조되고 확증된 예정조화가 곧 표상이다. 우리의 표상은 혼동되어 있지만 신은 만물을 명석하고 판명하게 생각하고 알고 있다. 마치 신이 영화감독처럼 모든 필름을 영상으로 투사해 돌아가게 하는 것과 마찬가지이다. 모나드는 만사를 스스로 명쾌하게 알아차릴 수 없을지라도 전 우주에 대한 표상을 갖는다. 따라서 모나드는 상이한 장소에서 상이한 물리적 대상으로 나타날 수 있다. 우리가 공간이라고 부르는 모나드의 지각에 그들이 동시에 표상되어 있는 것을 의미하기 때문이다.

(3) 현상주의와 예정조화

몸과 마음은 가능한 세계 내의 피조물로서 서로가 완전히 맞춰져 있으며 누구나 자신만의 몸과 마음을 갖는다. 창窓이 없는 모나드는 저마다의 몸과 마음이 완벽한 조화를 유지하게 하는 살아 있는 우주의 거울이다(§56). 이 거울을 통한 모나드 지각의 명료성의 등급은 저마다의 몸과 마음의 상응관계를 표현한다. 여기에서 가장 명쾌하게 제시되는 것이 몸이다(§62).

모나드의 완전현실에 속한 몸은 항상 유기적이고 하나의 자연적 자동기계를 형성한다. 모든 자동기계 안에 또 자동기계가 있고 이러한 연쇄는 무한하다. 이 때문에 전체 세계는 끊임없이 작은 것까지 살아 있고 영혼으로 가득 차게 되며, 죽음과 탄생은 단지 가상적일 뿐이다. 예정조화는 몸과 마음이 서로에게 영향을 끼치지 않으면서도 마치 영향을 끼치는 것처럼 평형을 이루게 할 뿐만 아니라 도덕적인 마음의 목적원인과 몸의 인과원인 사이의 일치를 포괄한다. 마음 곧 정신의 모나드는 이런 연관을 인식할 능력이 있으며 신국의 공동체를 만들려는 계획을 파악해서 모든 행복을 극대화하는 방향을 지향하며 자신의 인식을 확장하려 한다.

이러한 모나드 철학 체계를 지배하는 두 가지 대원칙이 있다. 하나는 모든 이성인식이 의지하는 모순율이고, 다른 하나는 사실인식에 토대하는 충족이유율이다. 모순율은 모순을 함축하는 언명이나 진술은 거짓이고 거짓을 반정립하면 참이라는 것을 설명한다. 논리학·수학·기하학에서는 모순율이 타당하며 모순율은 다시 동일성으로 되돌릴 수 있다. 이성의 진리는 모순을 부정하는 언명이나 진술을 동일성으로 되돌린다. 충족이유율은 근거의 원칙이다. 우리는 충족이유가 없이는 어떠한 사실이나 명제도 참으로 제시될 수 없다는 것을 근거의 원칙으로 알 수 있다. 근거의 원칙은 이성 진리에 대해서도 타당하며, 아울러 사실 진리도 지배한다. 이성적 진리의 분석은 무한한 단계를 거쳐 동일성으로 돌아가지만, 사실 진리에서는 분석이 멈춰진다. 사실의 진리는 부정이 가능하기 때문에 우연적이다.

라이프니츠는 인과관계에 따르는 사실의 진리의 충족이유는 우연적인 사물의 귀결의 밖, 즉 필연적 실체인 신에 놓여야 한다고 말한다. 신은 최종 충족근거로서 유일하고 보편적이고 필연적이며 절대적으로 완전하기 때문이다. 바꾸어 말하면 라이프니츠는 신의 지성 안에 관념의 영역을 만드는 가능성들의 실재를 두었다(§45). 신의 지성 안에서 모든 필연적 진리는 무한한 가능세계들과 같다.

완전한 개별자의 개념에서 보면 일차적인 진리로서 동일률에 의존하는 모든 명제는 분석적이다. 이는 술어 개념이 주어 개념에 포함되어 있기 때문이다. 라이프니츠의 분석적 진리나 명제라는 개념은 오늘날 널리 알려진 폴란드 출신의 미국 논리학자 타르스키A. Tarski의 명제의 진리 이론과는 다르다.

라이프니츠의 분석적 명제는 세계나 사태에 대한 언어의 적합성만으로 진리를 보증하지 않는다. 예를 들어 '푼수가 아프다'고 하는 우연적 사실의 진술이 있다고 하자. 이 명제는 통상적인 이해에 따르면 푼수가 실제세계에서 아플 때 참이다. 타르스키는 일상 언어를 다음과 같이 정식화한다. 지금 창밖에 비가 내린다면, 누구라도 "지금 창밖에 비가 내린다"라고 말하면 참이다. 즉 진술과 사태가 일치해야 참이라는 것이다. 타르스키의 의미론과 달리, 라이프니츠의 개별실체의 의미론에 따르면 푼수에게는 완전한 개념이 있다. 이 명제는 개별자 푼수에게 일어났고 일어나고 일어날 것을 미리 결정한 신적인 지식에 따라 분석적으로 참이게 된다. 예컨대 푼수가 사과나무 아래에서 책을 읽다가 떨어지는 사과에 머리를 맞았다고 하는 경우, '푼수가 아프다'는 명제는 진술과 사태가 일치하기 때문이 아니라, '푼수'와 '아프다'라는 것의 시간과 공간도 모나드 지각 안에 있다는 점, 분석적 진리 관념은 그 기원이 모나드의 술어속성에 기인한다는 점에서 분석적으로 참이다.

모나드에서 시간과 공간은 사물의 완전한 개념에 대해 내적이거나 내재적 속성을 갖는다. 즉 대상의 속성은 독립적 공간의 속성이 아니라, 공간에 놓인 대상 자체의 속성이다. 대상의 속성은 그것이 놓인 위치에 따라 달라질 수 있다. 왜냐하면 놓여 있는 위치가 대상의 실재 속성이 될 수 있기 때문이다. 같은 나무의 두 나뭇잎이나 하늘에서 내려오는 두 눈송이를 주목해보자. 두 나뭇잎이나 두 눈송이는 그것들이 다른 위치에 놓여 있다는 점을 제외하면 똑같다. 그러나 위치의 변화는 대상 자체의 변화를 수반한다. 이것들은 어디에라도 놓여 있을 수 있다.

시간과 공간은 이 사물의 대상들에 대해 이상적일 뿐 실재적이지 않다. 시간과 공간은 실체들 사이의 잠재적 관계를 지각하기에는 부적합하다. 시간과 공간은 현상이며 엄밀하게 말하자면 환영幻影이다. 그럼에도 시간과 공간은 실체들의 내적인 토대에 터전을 잘 잡아 실체들의 이상적 관계를 실체화hypostatization하고 있다. 사람들이 컴퓨터 화면에서 보는 것도 시간과 공간의 환영이다. 컴퓨터 메모리 안에는 단순한 이진 정보만이 연결되어 있고, 이러한 수들은 본질적으로 비공간적이고 비시간적이지만 '존재하고' '움직이고' '일하는' 하나의 가상공간과 가상시간을 기술한다.

시간과 공간이 환영이라면, 마찬가지로 원인과 결과도 '좋게 잘 정초된' 환영이다. '인과관계'라는 것은 원인 A와 결과 B 사이의 잠재적 관계가 B보다 A에서 더 명백하고 더 단순하게 표현될 때 A가 B를 야기한다는 것을 의미하지, 이들의 인과관계가 본질적이라는 것은 아니다. 이들의 형이상학적 관계 자체가 실재적이지 않기 때문이다.

라이프니츠는 사물들의 상호관계를 이해하기 위해 원인과 결과 대신 흔히 동반가설로 이해되는 예정조화이론을 제시한다. 예정조화는 영혼과 육체의 평형뿐만 아니라 도덕적인 완전현실의 목적원인과 물체운동의 작용원인 사이의 일치를 포괄한다. 두 개의 시계시각을 똑같이 맞춰놓는다면 시곗바늘이 똑같이 움직이겠지만 이들 사이에 인과관계는 없다. 이와 같이 모나드들도 서로 영향을 주지 않은 채 서로 독립적으로 전 우주를 자신의 위치와 입장에서 표현한다.

라이프니츠는 합리론의 전통에 따라, 형이상학적 단계에서 창 없는 모나드에 거울 같은 본유 관념을 제시했다. 즉 완전한 개념에 표상된 본유 관념은 모나드의 내재적인 속성이다. 시간이나 공간은 단지 감각을 거쳐 도달되는 모나드 지각의 현상적 배열이다. 현상은 부동不動의 산물産物이 아니라 단지 모나드 지각의 배열에 따라 다시 만날 시각과 장소를 약속하는 시간과 공간 안에 나타나는 들러리에 불과하다.

(4) 모나드, 과학 체계에 대한 가장 위대한 철학적 답변

라이프니츠의 모나드 철학이 놀랄 만한 단순성을 띤 미적 체계를 갖추고 있는 이유는 플라톤의 가상과 실재를 바로 현상과 본질이라는 두 미디어 고리로 연결하기 때문이다. 이 연결 고리는 이원론적으로 구분되는 것이 아니라 세계 도처로 지속되는continuous 동시에 흩어져discrete 있다. 모나드는 공간을 점유하지 않으며 연장을 갖지도 않기 때문에 그 속성이 단순하며 부분을 갖지 않는다. 부분을 갖는 것은 복합적인 것으로 나누어질 수 있으며, 대부분의 물질이 그러한 속성을 지니고 있는 데 반해 단순 모나드는 연장을 가질 수 없기 때문에 궁극적으로 비물질적이다.

그러므로 이 세계를 형성하는 무수한 실체가 현상적으로 있더라도, 그들의 본질에는 만물의 궁극적 구성요소인 신을 포함한 모나드가 있다. 자연 만물의 궁극적인 요소로서 단순 모나드와 신은 물리적으로 국지화하지 않고 논리형이상학 체계에서 단지 형이상학적 점點으로만 파악된다. 이 형이상학적 점에는 물리적 상호작용이 없으며 인과법칙에 예속되어 있지 않아서 물질세계에 영향을 끼치는 것으로 보일지라도, 그들 사이에는 상호작용이 없다. 무한하게 많은 형이상학적 점으로 이루어졌으며 그러한 상호작용의 계界의 세계를 형성하는 모나드들은 신에 의해 창조되었다. 신은 형이상학적 점에서 모나드의 상호작용을 마련해놓았고 세계 역시 이미 예정해놓은 조화의 결과로 나타나게 했다. 각 모나드의 상태 변화는 그 모나드의 이전 상태에 의해 야기되므로 각 모나드는 인과성의 사슬에 매여 다른 모든 모나드들과 예정조화로 조율되어 있다.

라이프니츠는 신에 의한 모나드 세계의 창조근거 또한 충족이유율과 모순율이라는 두 원칙으로 증명한다. 신은 그 속성이 무한하므로 무수히 많은 세계를 창조할 수 있지만 특별히 그가 이 세계를 창조했다면, 그 세계는 수많은 가능한 세계들 중에서 나온 필연적으로 하나의 가능세계이어야 하였다. 그러나 무한한 신이 무한하게 많은 가능한 세계에서 이 세계를 창조하면 그의 지성 안에 무한하게 남아 있는 창조되지 않은 세계에 대한 가능성은 제한되어야 한다. 그러한 가능세계가 모순율과 배치될 수는 없으므로 결국 이 세계가 창조되기까지는 그럴 만한 충족이유가 있었다고 보아야 한다. 세계 창조에는 충족이유가 있어야 하고, 그것이 바로 신이다. 신은 선하시기 때문에 모든 가능한 세계들 가운데 최선의 세계를 창조하셨다.

　세계를 구성하는 모나드들은 창 없이 우주를 비추는 거울이다. 월등히 높은 등급의 의식을 지닌 모나드는 자신이 명석하고 판명하게 지각하는 만큼 우주를 비추인다. 그럼에도 불구하고 어떠한 두 모나드도 동일한 의식을 지니지 않고 서로에게 유일하다. 여기서 영혼과 같은 존재로서 형이상학적으로 영원불멸한 더 높은 합리성의 영역에서는 이성조차도 비이성적으로 보일 수 있다. 그렇기 때문에 충족이유율은 분간될 수 없는 동일성 원칙의 사용을 무력화한다. 분간될 수 없는 동일성이 적용되면 각 모나드는 구분될 수 없지만 각 모나드는 우주에서 그들의 전 생애의 의식을 포함해야 한다. 각 인간 존재의 영혼은 모나드이기 때문에 개별 인격의 관념은 한꺼번에 그에게 일어날 만사를 포함한다. 여기서 동일성 원칙의 이성 사용은 충족이유율의 현실기반을 붕괴시킨다. 라이프니츠는 우리가 우주의 궁극적 구성요소를 지각의 한계에 가둘 수 없다고 결론짓는다. 물질적 세계는 비물질적 대상으로 구성된 것이 아니라 우리가 지각하는 가상에 불과하고 이 가상은 현상이지 본질이 아니다.

　세계에 대한 우리의 지각은 전적으로 우리의 지각 장치인 시각·촉각·후각·청각 등에 의존하지만, 그러나 우리는 지각 능력의 한계를 넘어서 존재하는 것들이 있다는 점을 알고 있다. 지난 몇 세기 동안 과학은 무수하게 볼 수 없는 것들의 세계 전망을 새롭게 했으며 또 앞으로 보이게 될 것들의 세계 전망을 지금도 꾸준히 열어가고 있다. 과학적 도구들은 보이지 않는 세계 전망을 보이게끔 열어와 우리의 지각과 인지 발전을 도왔다. 라이프니츠의 모나드 체계는 뉴턴이 설정하고 포괄한 과학체계의 모든 것을 뛰어넘는 가장 위대한 철학적 답변이다.

4. 현대적 의의

(1) 개인과 세계인

　라이프니츠는 〈모나드론〉에서 근대적 사고의 포괄적인 체계를 갖춘 이성적 개인의 출현을 최초로 예고하였다. 이로써 과학기술의 발전으로 계몽에 매달려 있던 18세기 사회에서 개인이 더 나은 이성적 세계로 나아갈 수 있다는 희망의 근거를 제시했다. 개인의 발견은 훗날 나폴레옹의 출현을 세계

사의 정면에 영웅이 등장한 것으로 간주했던 헤겔의 사유에도 영향을 끼쳤다. 계몽시대의 개인은 만인의 보편적 이념의 질서를 제공하는 원칙이다. 개인은 인과적이고 목적적인 질서에 합당한 최상의 행동을 함으로써 도덕원리의 최고 준법자가 될 수 있고 이성적으로 행동함으로써 한 사회·역사·문화를 만들어가며 나아가 세계를 개선한다. 〈모나드론〉이 역사와 현실 속에서 개인을 현실완성의 주체로 보는 것은 신앙과 모순 없는 세계에 도달하기 위해서다.

〈모나드론〉은 한 걸음 더 나아가 특수한 사상을 넘어 보편성을 띤 사상으로 지역성을 넘어서 세계를 향한 다원적 시각을 통합하는 철학적 반성과 성찰의 토양을 제공한다. 이로써 〈모나드론〉은 인류의 사상 발전에 크게 기여한다. 지구상의 모든 민족·국가·인종은 세계에 대해 저마다 상이한 인식 등급을 갖고 있다. 〈모나드론〉은 모든 개인이 저마다의 상이한 인식 등급으로 하나의 동일한 세계에 대한 근본적 인식 전망을 열어나갈 수 있는 이론적 기반을 제시한다. 일찍이 러시아의 표트르 대제에게 보낸 편지에서 자신은 하늘을 자기 조국으로 여긴다고 말했듯이, 라이프니츠는 민족적이거나 유럽 중심적인 협소한 시각을 갖지 않았다. 따라서 그가 남긴 필생의 저작인 〈모나드론〉을 21세기에도 길이 남을 개인과 세계인의 철학으로 평가해도 좋을 것이다.

(2) 한국인과 세계인

개인의 의지와 욕망의 뿌리가 미세지각에 근거를 둔 무의식에 놓여 있다는 점을 파악한 것은 20세기 초 프로이트에 이르러서였다. 누구나 판명한 자의식을 갖는 개인으로 살아가지만 자의식의 내면에 있는 무의식의 세계까지 인식하며 살아갈 수는 없다. 그러나 라이프니츠에게 있어서 판명한 의식이든 불분명한 무의식이든 모나드 지각은 세계인의 지적인 세계 질서를 그대로 드러낸다.

라이프니츠는 당대의 개인과 사회는 자아와 타자가 뒤섞인 채 스스로 항구에 정박해 있는 배, 또는 도시를 산책하며 자유자재로 방향을 바꾸어 움직이는 로봇처럼 거대한 유기체적 조직으로 움직인다고 지적했다. 비유에 따르면 돌아가는 물레방아는 복잡한 기계적인 장치로 설계되어 있지만 각각의 부품에서는 인지적 기능이라고 할 만한 부분을 발견할 수 없다. 그러나 물레방아의 부품들은 인간의 의식과 무의식이 통일되듯이 전체에서는 유기적인 통일과 같다. 이 점에서 라이프니츠는 모나드와 예정조화 철학은 인류 모두를 위한 핵심 키워드로 유럽에서 가장 멀리 떨어져 있지만 하나의 이어진 대륙으로서 동아시아 세계에서도 타당하리라고 생각했다.

라이프니츠는 1689년부터 1714년까지 당시 중국 청나라의 흠천감 예수회 선교사인 부베, 자르투P. Jartoux, 杜德美

(1668~1720) 등과 70여 통이 넘는 편지를 주고받았다. 특히 중국에 처음으로 파이 값을 구하는 공식을 소개하고 '태양 흑점'에 관한 논문을 베를린《학술연보》에 투고했던 자르투는 1703년부터 1705년까지 라이프니츠와 서신을 교환한 적이 있다. 자르투로서는 미적분 계산법을 발견한 유럽 최고의 지성인에게 수학적 문제를 배우고 싶었을 것이다. 라이프니츠는 청년 선교사의 학문적 노력을 높이 평가하면서 자신의 예정조화이론에서 오는 에너지 보존법칙과 모나드 이론을 소개하였다. 자르투는 라이프니츠의 미적분 계산법을 원저자에게서 좀 더 자세히 배워 알고 싶은 마음이 간절하였다.

똑같은 맥락에서 북경 남당에 배움의 열망이 컸던 이기지라는 한국 젊은이가 있어서 소개하고자 한다. 당시 조선에서는 숙종肅宗(1674~1720)이 죽자 고부사로 이이명李頤命(1568~1722)을 필두로 경기 감사 이조李肇, 이천 부사 박성로朴聖輅, 역관, 의관, 노비 3명을 포함하는 총 36명의 일행이 북경에 체류 중이었다. 이들은 1720년 7월 20일 한양을 출발해 9월 8일 북경에 도착하여 11월 24일까지 66일간 머물다가 이듬해 1월 7일에 돌아온 연행사절단이었다. 이때 고부사인 늙은 부친을 보필하기 위해 따라나섰던 31세의 젊은 진사 이기지는 서양선교사들을 만나 교류하면서 그 기록을 적은《일암연기一菴燕記》라는 저술을 남겼다. 한국은행 전자도서관에 보존되어 있는 이 책에 따르면 이기지는 선물로 받은 자명

종이 고장 나자 자르투가 고쳐주겠다고 약속했다고 한다. 그런데 불과 며칠 사이에 급작스럽게 세상을 떠나면서 자르투는 자신의 중국인 제자 원문림袁文林에게 시계 내부를 보여주며, 이기지의 자명종을 고쳐줄 것을 유언으로 남겼다고 한다. 이기지는 비록 라이프니츠라는 철학자의 이름을 들은 적은 없었지만 자르투가 이기지에게 전달하려고 했던 유언의 진정한 의미는 라이프니츠가 자신에게 전했을 법한 기계와 의식 사이의 대비를 드러내는 모나드철학이었을 것이다.

라이프니츠는 〈모나드론〉 §17에서 이렇게 말한다.

그 밖에도 지각과 지각에 의존하는 것은, 말하자면 형태와 운동과 관련해서는 역학적인 근거를 통해 설명될 수 없다는 점을 필연적으로 인정해야 한다. 하나의 기계가 생각하고 감정을 느끼고 지각할 수 있는 방식으로 구성되었다고 생각해보자. 동일한 척도의 비율로 확장된 물레방아처럼, 사람이 그 기계 안으로 들어갈 수 있다고 상상해볼 수 있다. 이를 전제로 기계의 내부를 검사하면 우리는 서로 맞물려 작동하는 부분만 발견할 수 있을 뿐, 지각을 설명할 수 있는 어떤 것도 발견할 수 없을 것이다. 그래서 지각은 단순실체 안에서 찾아야 하고 복합실체나 기계에서는 찾지 말아야 한다. 사람은 오직 단순실체들 안에서, 말하자면 이것에서 지각과 지각의 변화를 발견할 수 있다. 이 안에서만 단순실체들의 모든 내적 활동이 존립할 수 있을 것이다.

지각의 무의식은 유럽에서는 프로이트가 처음으로 발견해 정신분석학을 비롯한 다양한 영역에서 분석되고 적용되어왔다. 모더니티의 관점에서 보자면, 물론 하이데거 같은 철학자는 소크라테스 이전에 이미 모더니티가 시작되었다고 보기도 하지만, 그것은 300년 전 서양 과학기술이 교류되는 동서 문명의 표피에서 해후되던 한국과 한국인 이기지에게도 이미 잠재적으로 전달되었다.

이성에 근거한 자연과 은총의 원리

1   라이프니츠는 전통적 실체 개념과 관련해 부분과 전체라는 형이상
     학의 구도에서 모나드의 구성 원칙은 이성에 근거한 자연과 은총의
     원리라고 했다. 거시적인 대우주大宇宙와 미시적인 소우주小宇宙를
     볼 수 있고 대우주와 소우주의 비밀을 낱낱이 밝힐 수 있으며 대우
     주와 소우주 사이에는 전통적으로 그 자체로 존재하는 성질을 지칭
     한 실체가 활동하는 존재 무대가 있다고 간주했다. 실체란 아리스
     토텔레스의 개념으로 실체를 물을 때 반드시 실체에 따라오는 10가
     지 서술의 범주이다. 실체란 이들의 서술어에 의해 밝혀진다. 데카
     르트는 그러한 실체를 인간·세계·신으로 환원했고, 스피노자는 유
     일하게 신으로만 돌렸으며, 라이프니츠는 이를 실체로 파악하고 실
     체를 활동할 수 있는 하나의 존재un être capable d'Action로 정의한다.
     실체를 '단순'하다고 하는 것은 논리적으로 더 이상 정의할 수 없기
     때문이며, 또한 존재론적으로 더 이상 정의될 수 없다는 의미에서
     '근원적'이기 때문이다. 실체가 활동할 수 있는 존재를 형성해나가
     는 데는 '부분'이 필요하며, 이 '부분'은 만물을 구성하는 '적절한' 원

소다. 이들이 다양한 성질을 띤 집합으로 통일성을 지닐 때 '복합적'인 것이 된다.

코페르니쿠스N. Copernicus부터 갈릴레이, 케플러, 뉴턴까지 약 150년에 걸쳐 근대과학혁명이 완성되기까지는 광학기술의 발달과 망원경·현미경의 발명이 중요한 역할을 했다. 망원경과 현미경이라는 과학적 도구의 발명은, 세계를 직접 보고 해명하려는 시각적 관찰을 통해 모든 자연과정을 가시적으로 설명할 수 있게 해주었다. 라이프니츠는 자연과학자의 시각에서 모나드 개념을 바탕으로 과거와는 질적으로 다른 직관적 명증성 덕분에 '전체 자연은 풍요로운 생명으로 가득 찬' 현실이라는 개념에 도달했다.

2 모나드의 우주론적 특성과 존재론적 특성을 기술하고 있다. 모나드는 우주론적으로 그 시종始終을 알 수 없으며 존재론적으로는 실제 그 생성과 소멸을 모른다. 그러나 모나드의 뒷부분을 살피면 과거가 드러나고 앞부분을 살피면 미래를 짐작할 수 있다. 그렇지만 모나드의 시초를 상정하면 우주의 무한한 경계가 훼손될 우려가 있다. 라이프니츠는 모나드의 지식은 우주와 같이 오랫동안 진행되었을 것으로 추정한다. 모나드가 어떻게 우주와 함께 그 생성기원을 형성했는가에 대해 굳이 어느 한 시점의 활동에서 보자면 하나의 모나드가 다른 하나의 모나드와 구분되는 기준은 모나드의 내적 질과 활동이다. 이때 모나드의 내적 질은 지각이고 외적 활동은 욕구다. 〈모나드론〉 §3~5에서 모나드의 주요 작동원리는 지각과 통각으로 규정되지만, 여기서는 통각 대신 욕구appetition라는 단어가 사용된다.

3 〈모나드론〉 §22~23, §56~59, §63~64, §77~79, §83. 모나드의 내적 중심에는 영혼 또는 정신이 국지화되어 있어서 최상의 현실을 실현하는 내적인 형식이 생겨나고 이 형식의 외피에는 별도의 힘을

갖는 근원적 질료 또는 제1질료가 있다. 이 외피에는 부분과 연장을 갖지 않지만 유체이면서 탄성적인 질료의 성격을 띠는 광光질료라는 물질이 있다. 이 물질은 도처에 연장으로 물체를 관통하며 빛의 본질로 뻗쳐나간다. 만물로 꽉 찼다는 것은 진공의 여지없이 밀집되어 있는 것을 말한다. 모나드가 별도로 고유한 몸을 갖는 것은 이것이 제2질료의 특성을 띨 때다. 이 시점을 기준으로 모나드는 완벽하게 역학법칙의 지배를 받는다.

라이프니츠는 물질적 실체는 완벽할 정도로 기계적인 점을 인정한다. 하지만 공간에 있는 연장된 실체와 비공간적인 정신적 실체를 순전한 기계론으로 설명하는 데카르트의 이원론은 거부한다. 이원론 대신 양자 사이에는 우주의 거울이며 거울에 비추어지는 모나드라는 개념을 깔아놓는다. 생각하는 사유와 생각된 연장 사이에는 모나드 거울이 있다. 모든 모나드는 자신의 방식으로 우주를 표상하는 살아 있는 거울이다. 살아 있는 이 우주의 거울은 몸과 마음, 물질과 정신, 몸과 영혼 사이의 예정조화를 비춘다.

여기서 욕망은 앞 절에서 말한 욕구와 동일한 의미이지만 윤리적인 선악善惡에서 영육靈肉 간의 조화를 이루며 거울 앞에 나타난다.

4   〈모나드론〉 §14, §19~30, §63, §77, §79, §82. particulier라는 단어는 individual이라는 단어와 구분하기 위해 각각 '별도의'와 '개별적'으로 구분해 번역했다. 모나드는 개별적으로 서로가 구분되지만 별도의 몸을 가지므로 일정한 등급으로 대상세계와 일치되는 의식과 감정을 지닌다. 라이프니츠는 어두운 동굴 안에 살던 죄수가 동굴 밖으로 나와 태양 앞에 서서 환한 빛의 세계에 익숙해지기 위해 한참 동안 눈을 찌푸렸다는 플라톤Platon의 유명한 동굴의 비유를 떠올리게 하는 문맥을 설정하고 있다. 단순 모나드는 인식론적으로는 열등한 지각 단계에 머무르지만 지각 등급에 따라 영혼 또는 정신의

영역으로 상승하기 위해 현상을 기다리는 데서는 인내를 필요로 한다. 감각의 영역에서 눈물이 빛의 강도를 조절하고 현상의 대상을 의식하기 위해서는 기다려야 한다. 눈물과 빛의 관계는 일상적인 경험에서 봄을 가능하게 하는 드러남의 조건을 형성한다. 17세기에는 하늘에서 떨어지는 빗방울에서 튀기는 빛의 기하학적 성질이라든가 무지개 현상 연구 또는 해부학이나 곤충학에서 비가시적 형체나 사물의 정체를 밝히는 연구가 성행하였다. 실험에서 드러난 결과를 얻기 위해 기다린다는 것은 현상으로 드러나는 과학지식을 얻기 위한 선행조건이다.

5 〈모나드론〉§26, §28~30. 라이프니츠가 말하는 동물들에서 이성추론과 유사한 지각의 상호연합laison이론은 흄의 관념연합이론의 선구다. 오늘날 과학기술은 눈부신 발전을 이루었지만 필연적인 이성으로 인식하는 인간은 본능적으로 행동하는 동물보다 지각이 뒤떨어질 때가 많다. 실제로 불의의 천재지변이나 자연재해가 일어날 때는 동물들이 먼저 조짐을 예측하고 대피하는 행동을 보임으로써 과학적 관측기기의 예측체계를 무색하게 하곤 한다. 라이프니츠는 도구적 지성이 결여된 동물과는 달리 이성적 동물만이 과학과 논증적 지식을 다룰 줄 안다고 설명한다. 이성적 동물만이 필연적 진리의 원천을 제공하는 논리학·수학·기하학을 발전시켜나갈 수 있다.

6 〈모나드론〉§72, §74~75, §77. 현미경을 통한 소우주의 발견은 네덜란드의 미생물학자 레이우엔훅A. van Leeuwenhoek에 이르러 유기체의 선형성 이론에 새로운 논쟁을 불러일으켰다. 여기서 정액동물은 성교에서 정액을 통해 수정, 번식하는 동물로서 박테리아나 바이러스 등을 가지며 생명의 주기가 정해져 있다. 생명체가 알 또는 정액에서 먼저 형성되는지에 관한 논쟁은 18세기까지 진행되었다. 라이프니츠는 이 절에서 근대과학의 광학기술 발전이 생물학에서

새로운 자료 해석의 변화를 가져올 것을 예견한다. 그는 종교적인 측면에서는 영혼전이를 거부하고 과학적인 관점에서는 형태변화 Metamorphose를 인정한다. 인간의 영혼이 죽음 이후에 다시 태어난 다는 환생이론인 영혼전이Metempsychose를 거부하므로 따라서 영혼 이전의 존재 또한 거부했다.

7 〈모나드론〉 §32. 여기서 정식화된 충족이유율은 비존재를 통한 존 재 규정에 관련된다. 내가 이 세상이 없기보다는 오히려 있으며 에 베레스트 산이 바다의 밑바닥에 있기보다는 구름 위로 높이 솟아 오른 데에는 저마다의 충족이유가 있다는 것이다. 사물의 존재에는 이렇게 있어야 하고 다르게 있지 않아야 하는 필연성과 우연성이 함께 내재한다.

8 〈모나드론〉 §36~38. 사물의 잇달음suite 또는 영어 번역의 series의 마지막 귀결은 신Dieu이다. 이러한 잇달음의 최종 귀결은 질료적 운 동이나 그에 대한 영혼의 표상에서 찾아지는 것이 아니라 이러한 잇달음 밖에 있다. 이 구절은 전형적으로 우주의 우연성에 의한 우 주론적 신 존재 증명방식을 좇아가고 있다. 여기서 제시하는 증명 방식은 천체 물리학에서 널리 행해지는 우연성에 의한 신 존재의 우주론적 증명과 구조적으로 동일하다.

9 〈모나드론〉 §40~42, §45, §47~48. 완전성의 등급에 따라 신의 존 재가 증명되면, 신과 피조물의 질서 사이에는 의존성과 연속성이 있다. 피조물의 완전성은 궁극적으로 신에게서 오지만, 피조물 자 체의 불완전성의 원인까지도 신이 떠맡고 있는 것은 아니다. 피조 물은 신으로부터 존속과 활동성으로 완전현실에 이르는 존재 근거 를 얻더라도 여전히 불완전하다. 피조물이 완전현실에 이르지 못하 는 불완전성의 근거는 신이 아니라 자신의 제한성 때문이다. 신성 을 지닌 모나드에는 단순하고도 근원적인 실체라는 양면이 동시에

있다. 모나드는 논리적으로 부분을 갖지 않는다는 점에서 단순실체이지만 존재론적으로 정의될 수 없다는 점에서 근원적인 실체다.

10 〈모나드론〉§53~55, §63. 신의 지성에 의한 완전성의 비례에 따라 만물이 생겨났다. 라이프니츠는 클라크와의 편지교환에서 우주의 시초에 대해 나름의 기하학적인 근원을 바탕으로 규명하려 했지만, 문제의 현안은 현실세계였다.

11 〈모나드론〉§22, §60~61. 스콜라 역학에서 추구했던 목적원인을 포기한 근대 역학과 관련해 라이프니츠는 운동의 목적과 주어에 대한 질문을 제기함으로써 자신이 추구한 동역학이론의 형이상학적 토대를 마련하려 했다. 데카르트가 주장한 우주의 운동량 보존법칙의 한계를 극복하는 새로운 동역학의 이론적 토대는 신의 지혜에 의한 '적합성의 원칙'에 있다.

12 〈모나드론〉§83. 우주질서는 살아 있는 거울이라는 은유에 따라 모든 실체는 지각과 욕망의 조절로 만물과 양립할 수 있어야 함을 역설한다. 멀쩡한 상황에서도 정신적 공황이나 붕괴가 일어나는 이유는 이러한 부조화와 불일치 때문이라고 볼 수 있다. 라이프니츠는 모든 것을 뛰어넘는 현저하게 뛰어난 지배 모나드Monades dominantes가 죽음보다 강한 힘으로 신의 영광을 위해 재생하고 깨어남을 말하고 있다. 이 구절은 모나드 철학의 깊은 종교적 동기를 보여준다.

13 〈모나드론〉§83~90. 라이프니츠의 유명한 해변의 파도 소리 비유가 등장한다. 파도 소리를 듣는다는 것은 영혼의 메아리나 우주의 오케스트라를 감상하는 것과 같다. 신은 어디서나 중심이지만 어디에도 없다. 신의 무소부재 속성에도 불구하고 신의 최상의 완전한 조화에서 우주 만물은 저마다의 주름을 갖고 있다. 이 주름은 최적의 인식조건에 따라 시간 속에서만 보고 들을 수 있다.

14 〈모나드론〉§90. 프랑스어의 'L'esprit'는 독일어 'Geist'에 가장 가까운 뜻이다. 정신은 피조물이 가진 우주의 거울이 될 뿐 아니라 신성을 모방한다. 이러한 정신은 이성적 영혼에 해당하며 신의 창조를 모방한다. 따라서 이러한 이성적 영혼을 소지하는 뛰어난 정신은 신이 우주를 만들기 위해 이용했던 과학을 발견한다.

15 〈모나드론〉§90. 신국Civitas Dei은 원래 아우구스티누스A. Augustinus가 사용한 신학적 개념이다. 라이프니츠는 봉건제 군주 국가에서 군주가 절대 권력을 갖듯이 신이 모든 권력을 갖는 봉건제 국가의 통치형태를 토대로 신국Citéde Dieu을 설명한다. 신국은 자연과 은총이라는 두 원리에 의거해 통치되며, 상벌에 따라 지배되고 의지에 따라 건축된다.

16 인간은 신의 작품에서 신의 존재를 아포스테리오리하게 우주론적으로 논증할 수 있다. 신은 이성을 통해 자신을 자연에 계시했기 때문에, 인간은 동일한 이성을 통해 신의 사랑을 아포스테리오리하게 파악할 수 있다. 신을 사랑하는 사람은 신의 지혜와 사랑에 가까이 가고 그와 상의하며 계획하므로 자신의 능력을 끌어올릴 수 있다.

17 우리가 신을 감각적으로 사랑하고 인식하는 경우에 느끼는 기쁨의 감각을 설명한다. 이러한 기쁨은 순교나 광신적인 행위를 통해 정신적인 기쁨으로까지 고양된다. 그러나 이러한 감각은 혼돈스럽게 인식된 지적인 기쁨에 기인한다. 귀가 음악에서 찾는 청각적인 기쁨과 눈이 비율에서 발견하는 시각적인 기쁨도 동일한 정신적·지적 기쁨의 수준에서 유래한다.

18 신을 향한 인간의 사랑은 지복에 해당하지만 인간을 향한 신의 사랑은 공평하다. 공평하다는 것은 어느 특정 대상에 불편부당하다는 것을 뜻한다. 신은 모든 인간을 사랑하는 것으로 정의되는데, 어떤 피조물에는 완전성이 어떤 피조물에는 불완전성이 생기는 까닭은,

전적으로 인간의 자유와 피조물의 제한성으로 말미암은 것이다. 똑같은 흙으로 만들었는데도 어떤 것은 볼품없는 도자기로 빚어지고 어떤 것은 탁월한 작품으로 빚어진 데 대하여 장인의 솜씨를 탓할 것이다. 이처럼 신이 어떤 사람은 덜 사랑하여 저주하고 어떤 사람은 더 사랑하여 구원한다면, 이러한 사태를 유발하게 한 창조자의 정의를 묻게 될 것이다. 사람이 신의 정의에 대해 물음을 제기하고 답변을 구하는 것은 변신론의 문제다.

〈모나드론〉의 많은 부분은 신을 변호하는 《변신론*Théodicée*》의 논의를 바탕으로 전개된다. 많은 철학자들은 신이 정의로운지 아닌지의 물음을 전적으로 신의 고유한 권능으로 돌린다. 라이프니츠는 신을 향한 인간의 사랑의 역할을 강조하여 신이 인간을 사랑하는가 하는 질문을 거꾸로 돌린다. 신을 향한 인간의 사랑은 기쁨과 만족과 행복의 원천이자 완전성을 향해 나아가는 전진이다. 철학의 방향은 무한한 신의 속성과 마찬가지로 신이 이루어가는 능력과 권능, 사랑을 좇도록 만들어놓은 낙천적 세계에 닻을 내리는 데 있다.

모나드론

1   G. W. Leibniz, "Essais de Théodicée sur la bontéde Dieu, la libertéde l'homme et l'origine du mal", Hebert Herring (Hrsg.·Übers.), Leibniz Werke II/1, II/2(Darmstadt : Wissenschaftliche Buchgesellschaft, 1985). "여기서 말하려는"으로 시작하는 화두는 《변신론》에서 말했던 불교철학을 염두에 두고 있다. 《변신론》 1권 §10에서는 중국에 전파된 종교가 불교라고 한다. 불교는 금욕주의·제행무상諸行無常·제법무상諸法無常 등의 교설로 근본적으로 신을 부정한다. 라이프니츠

자신은 자아·개체·개성에 대해 붓다와 생각이 다르다고 말한다. 라이프니츠가 불교철학을 끌어들이면서 모나드를 전개하는 데에는 두 가지 이유가 있어 보인다.

첫째, 당시 빈이나 파리 등 유럽의 지적인 대중은 동양의 종교와 사상에 관한 호기심이 매우 많았다. 라이프니츠는 프랑스 사교계나 빈의 황실 주변의 지적 관심을 감안하여 거기에 상응하는 논의를 전개한다는 의미에서 "여기서 말하려는nous parlerons ici"이라고 내뱉었을 것이다. 16~17세기 서양 선교사들은 기독교를 전파하기 위해 인도의 고아에서 남중국 해안을 따라 최초로 중국으로 들어갈 때 불교승복 차림을 했다. 중국에서 불교의 막대한 영향력을 미리 알고 있었기에 중국인의 환심을 사려고 그런 복장을 했던 것이다. 선교사들의 보고와 선교활동이 유럽의 살롱을 중심으로 널리 알려지던 상황에서 라이프니츠의 모나드와 불교의 자의식 사이에 대한 언급은 비교철학적 관심의 소산이었다.

둘째, 라이프니츠는 근대 유럽의 자연과학과 사회와 인간이 직면한 근본 문제를 무신론과 유물론으로 파악했다. 그래서 영혼의 존재를 부정하는 불교이론은 스콜라철학에 깊은 영향을 준 이슬람 철학자 아베로에스Averroës[Ibn Rushd]의 이론보다 더 나쁠 것으로 보았다. 아베로에스의 이론에 따르면 세계에는 딱 하나의 유일한 세계영혼이 있어서 모든 개개인의 사유도 모두 세계영혼으로 포섭된다. 스피노자의 범신론은 유일한 세계영혼 이론에 편승해 유물론 체계라든가 영국의 감각적 유물론과 더불어 자연신학의 퇴조와 무신론적 경향을 부채질하고 있었다. 아베로에스 이론에는 영혼의 개별성이 자리 잡을 곳이 없기 때문에 데카르트를 비롯한 많은 근대철학자들과 파리 대학 신학부는 이 이론을 공공연한 적대세력으로 규정해 싸우고 있었다. 라이프니츠는 세계영혼 이론, 스피노자의 범신론, 유물론 체계, 영국의 감각적 유물론 등을 비롯해 파리 대학의 입장을 염두에 두면서 "여기서 말하려는"으로 한숨 돌린 다음 무아無我나 공空 같은 개념 대신 모나드를 실체이론의 출발점으로 삼았을 것이다.

서양철학을 최초로 체계화했던 아리스토텔레스에 따르면 실체란 각 사물을 그 자체로 있게 하는 그 무엇을 뜻한다. 전통 형이상학은 소크라테스를 보기로 들어, 소크라테스라는 인물은 실체와 우유적偶有的 속성으로 구성된다고 규정한다. 소크라테스의 실체가 인간이라면 그의 음악적인 특성은 우유적 속성이다. 이 실체는 우유와 더불어 하나의 존재계의 통일을 이룬다. 사물의 본래적 속성을 규정하기 위해 사용한 이 실체라는 단어는 역사적으로 많은 의미 변화와 전용 과정을 거쳤다.

라이프니츠는 복합적으로 구성된 현실세계 이전에 존재하는 전제로서 아주 단순한 실체를 가정했다. 우리가 보고 느끼고 지각하며 경험하는 일상과 자연의 세계 이전에 이러한 단순실체는 부분도 없고 다른 것을 필요로 하지 않으면서도 그 자체로 사물의 단위를 이룬다. 모든 단순실체에는 자신의 본래적 형식으로 최종형상에 도달할 수 있는 엔텔레케이아, 즉, 완전현실이 있다. 완전현실이라는 표현은 작은 씨앗이 성장해 본래적인 모습으로 완성되는 것을 가리킬 때 사용된다. 우리가 경험하는 자연과 일상세계의 현실모습은 이러한 완전현실에 이르는 과정과 비슷하다. 그러므로 단순실체는 만물에 통일성을 부여하는 힘으로 출발한다.

라이프니츠는 1695년 스위스의 수학자 베르누이Bernulli가家 형제들과 편지를 교환하면서 그리스어로 하나 또는 통일을 뜻하는 '모나드'라는 용어를 처음 사용했다. 그는 본문 첫머리에서 모나드는 단순실체 이외에 다른 것이 아니라고 일갈한다. 이 용어는 고대에 플라톤과 피타고라스가 사용했는데 피타고라스에게 모나스Monas는 수의 형이상학의 근원이었으며 신플라톤주의에서 모나스는 최소의 산술적 크기를 지칭했다. 르네상스의 신비주의자 부르노G. Bruno는 제1모나스와 제2모나스로 나눈다. 그에 따르면 제1모나스가 모든 수의 실체라면 제2모나스는 인간이 파악할 수 있는 우주의 전체 본질에 있는 제1모나스의 빛의 흔적이다. 케임브리지의 플라톤주의자 모어H. More는 신이 현재의 중심점이 되어 주변 반경을 유지하듯 부동의 모나드는 그의 존재가 주변에 빛을 발산한다고 규정했다.

라이프니츠는 모나드를 한마디로 '단순하다simple'고 정의한다. 그 이유는 그것이 시간과 공간의 부분으로 나누어지고 연장을 갖는 것이 불가능하기 때문이다. 시간과 공간은 모나드의 존재 조건이 아니다. 모나드 지각으로 구성되는 통일체로서 복합적인 물체나 몸은 단순현상의 결과에 불과하다. 모나드는 형이상학적 점 또는 영靈을 갖는 형이상학적 원자이다. 모나드의 가장 내적인 중심에는 완전현실로 가는 엔텔레케이아, 영혼 또는 정신을 국지화하는 수학적 점이 있다. 모나드는 이 점에서 무한하게 작은 원환으로 이식되거나 자신의 외피로 육화를 형성한다. 단순실체들은 세계 도처의 질료들 가운데에서 복합적인 것을 구성하지만, 물질적 질료가 만물의 궁극적인 구성요소가 되지는 않는다. 오히려 질료는 공간에 의존하지 않는 모나드 지각의 논리적 구성이다. 모나드의 외피는 아주 섬세한 유체流體의 탄성 질료로서 연장과 부분을 갖지 않는 1차 질료로 구성된다. 1차 질료는 에테르나 빛의 질료처럼 도처의 물체를 관통하지만 2차 질료는 연장과 부분을 갖는다. 복합적인 것이란 바로 2차 질료의 단계에서 현상을 구축하는 유기적인 물체이다. 이는 아주 섬세한 유체의 탄성 질료로서 연장과 부분을 갖는다.

2 1706년 라이프니츠는 어느 서신 토론에서 '모나드를 포함하지 않은 질료의 부분'과 관련해 질료는 끊임없이 변하기 때문에 완전현실의 도달을 위해서는 부분이 없는 것이 좋다고 말한 바 있다. 질료는 모나드에 외피를 제공하며 질료 스스로도 여러 형태로 발전하기 이전에 먼저 1차 질료에서 시작된다.

1차 질료는 스스로 감내하는 근원적·수동적 힘과 완전현실을 완성하는 근원적·활동적 힘이라는 두 가지 근원적인 힘에서 나타난다. 후자의 힘은 보통 저항이라고도 하며 전자와 더불어 본래 자신의 모습에 도달하려 하므로 완전현실을 이룬다. 완전한 실체나 모나드는 이 힘의 작용을 바탕으로 2차 질료를 생겨나게 한다. 여기서 발생하는 복합적인 것이란 단순실체의 집적으로 존재를 파생하는 힘들로 이루어지며 그 예로 무지개를 들 수 있다.

라이프니츠는 복합적인 것을 양 떼 같은 무리의 집합으로서 더미나 집적으로 취급하지만 유기체적인 의미에서는 구체적이고 실제적인 양을 가리킨다. 강의실의 분필 또는 PPT 화면은 분필가루 입자나 화소의 픽셀 덩어리에 불과하지만 유기체적으로 파악되어 질서를 주기 시작하면 실재적 성질을 띤다. 우리가 관찰하고 지각하는 유한대상이 복합적으로 형성되었다 해도 모나드를 파악하는 출발점은 비공간적인 지각의 유기체적 주기를 파악하는 수학적 점點에 있다.

스콜라 형이상학이 존재와 유는 회통한다고 했을 때 이 유는 집적된 것으로서 나눌 수 있다. 사람의 몸은 다른 동식물의 몸과 더불어 존재하지만 유기체 조직의 원칙에 따라 고체나 유체의 부분을 지니면서 서로 다르게 존재한다. 나눌 수 없는 것은 분수分數로 남으며 이들은 관계적 성질을 띤다. 동물의 분수에서 그가 그의 몸만 남으면 그 자체로 그는 통일이 없다. 모나드가 2차 질료이거나 질료의 부분이라면 그것은 집이나 양 떼처럼 복합적이다.

3 라이프니츠는 이 구절에서 가상디P. Gassendi · 로크 · 뉴턴 등의 원자론자들과 근본적인 차별화를 시도한다. 당시 과학 수준에서 '원자'란 더 이상 나뉠 수 없는 것, '미립자'란 미소微小한 물체, '입자'란 미소 부분을 뜻한다. 당시 원자론자들은 질료의 최소 단위가 존재해야 한다고 논의한다. 그들은 물질적 속성을 증명하기 위해 원자에 형태와 크기를 갖는 질료의 속성을 부과했다. 원자는 인식론적으로 더 이상 나뉘지 않는 물질의 단위이지만 하위 원자의 입자들의 속성이 미소 부분에 의해 설명된다면 더 이상 나뉠 수 있는 가능성은 종료된다. 여기서 동시에 더 이상 질료의 속성을 띠지 않는 궁극적 모나드의 존재성이 시작된다. 모나드는 시간적 · 공간적 부분을 갖지 않으며 공간에는 없지만 거꾸로 공간은 모나드 안에 있다. 모나드는 크기와 형태를 갖는 물리적 사물을 형성하지 않으며, 모나드의 집적은 공간적인 합성으로 귀결되지 않는다.

모나드는 0과 1의 이진수 증식의 논리적 기초로 가상세계를 완벽하게 현실세계처럼 만들어내는 디지털 형이상학의 꿈의 언어로 표현될 수 있다. 육안으로 타당했던 뉴턴 역학체계와는 반대로 지금은 거의 인지할 수 없게 되어버린 하위 원자 단계의 공간 · 시간 · 운동과 인과성의 특성에 접근하는 현대 양자론의 발상은 전적으로 라이프니츠의 모나드 규정에 친화적이다.

4 책상이나 의자를 들어서 던진다면 이들은 기계론적 역학의 법칙에 따라 자연스럽게 부서진다. 이들은 역학법칙을 따르더라도 부분이 없는 단순실체는 어떻게 부서졌는지를 지각할 방법이 없다. 에피쿠로스나 가상디 같은 원자론자는 원자에 자연의 참된 원소로서 실제로 나뉘지 않는 실체로서의 존재를 부과했기 때문에 원자론에서는 만물의 원소의 해체를 걱정하지 않았다. 변화에 예속된 물질에 대

해 에리우게나J. S. Eriugena는 모든 영혼은 보존될 것이라고 생각했다.

라이프니츠 역시 이성적 의식을 갖는 존재자에게 모든 영혼의 개별성과 불멸성을 부과한다. 개별 존재자는 영혼의 존재와 인격의 동일성 때문에 도덕성을 가질 수 있으며 자의식이나 내적인 반성의식을 보유하기 때문에 상벌이 가능하다. 사물은 오직 신에 의한 기적으로만 소멸될 수 있다. 신은 만물을 이미 역학법칙과 일치하게 결정했고 라이프니츠에서 모나드 또한 부분을 갖지 않기 때문에 단순실체가 공중 분해될 걱정은 없다.

5 §5는 정확하게 §4와 평행으로 논의하고 있다. 만물의 원소들의 해체와 단순실체의 소멸을 파악할 방법이 없으면 어떻게 만물이 창조되었으며 단순실체들이 탄생하는지도 파악할 길이 없다. 주목할 사안은 §4와 마찬가지로 등장한 "자연스럽게naturellement"라는 구절의 해석이다. 우주역사와 시간과 공간을 통틀어 거슬러 올라가거나 내려가도 모든 변화는 역학의 법칙에 따라 존재하는 실체들의 변형일 뿐이다. 라이프니츠는 아리스토텔레스·아퀴나스·로크와 더불어 감각에 없으면 지성에도 없다는 인식론의 견해를 인정한다. 인식론적으로 감각 단계의 지각이 전제되지 않고서는 지적 단계의 지식이 성립하지 못한다. 라이프니츠는 지성 자체는 감각적 인식론의 과정에 추상적으로 용해되어 있으므로 신을 초세계의 지성이라는 개념으로 파악한다.

모나드는 물리적이 아니라 논리적으로 창조되었으므로 자연적 또는 물리적 창조와 파괴에 예속되어 있지 않다. 모나드 세계의 시초는 세계 안에 있지 않고 세계의 논리적 한계 밖에 있다. 공간은 모나드 안에 있다. 시간 안에 모나드가 있는 것이 아니라 시간이 모나드 안에 있다. 어떠한 새로운 모나드도 창조되지 않으며 이미 존재하는 모나드는 파괴되지 않으며 우주에는 동일한 수의 모나드가 영원히 존재한다.

6 복합적인 것은 역학법칙에 따라 부분이 합성되거나 분리되며 자연적으로 존재하거나 사라지기도 한다. 하지만 모든 부분이 동시에 절멸하면 복합적인 존재는 끝날 수 있다. 그러나 이 과정으로 모나드의 창조나 절멸을 설명할 수 없다. 모든 모나드는 창조의 시작과 더불어 시간의 시초부터 동시에 존재했다. 어떤 모나드도 존재하기를 중단할 것이라고 상정할 근거가 없다. 모나드의 존재 절멸이나 중단이 발생한다면 이것은 자연법칙과 일치되게 만물을 발생하게 하는 신의 본래적 결정을 거스른다. 신은 자연을 정했기 때문에 자신이 정한 자연을 거스르며 행위 할 수 없다.

7 아우구스티누스와 데카르트는 외적인 감각대상이 어떻게 내적인 관념과 일치하는지에 의문을 품었다. 전통적으로 감각의 종種은 감각에 의해 주어지는 반면 지성의 종은 지성에 의해 얻어지므로 이들은 서로 다른 대상 영역에 관여한다고 설명했다. 데카르트는 외부세계와 내부세계를 물질과 정신으로 구분하면서 양자의 일치는 빛의 입자들의 모임인 감각의 종으로 매개된다고 규정했다. 데카르트는 이들은 지성이나 마음에 존재하지만 매개 개념이기 때문에 물리적 두뇌가 감각기관으로 받아들일 때에 이미지로 작용한다고 보았다. 그러나 그는 공간적 이미지가 어떻게 비공간적인 영혼에 들어오는지는 설명할 수 없었다. 감각 종은 모나드 외부의 공간적 이미지인데도 영혼에 들어와 영향을 주는 것으로 설정되어 설득력이 없었다.

라이프니츠는 두뇌는 이미지가 들어오는 창이라도 갖지만 영혼은 창을 가질 수 없다고 한다. 영혼은 어떤 것을 지각하거나 변화할 수 있는 부분을 갖지 않을 뿐 아니라 어떤 부분으로도 영혼으로 들어가는 길은 없다. 실체와 우유 사이의 인과적 유출은 없으며 어떤 실체도 존재하지 않는 창문으로 모나드에 들어올 수는 없다. 《형이상학론Discourse de métaphysique》 §14에 따라, 하나의 개별실체는 다른 하나의 개별실체에 영향을 줄 수 없다. 모든 실체는 하나의 세계와 같으며 그 자체는 신 이외에 모든 다른 사물로부터 독립적이다. 우리가 보는 현상조차도 우리 자신의 고유한 존재의 귀결 이외에 다른 것이 아니다. 곧 〈모나드론〉의 단순실체는 《형이상학론》의 개별실체의 발전을 지칭하는 명칭의 전이로 파악된다고 볼 수 있다. 개별실체나 모나드에는 내부에서 외부로 향하는 인식론적 지각과 외부에서 내부로 들어가는 존재론적 허용의 문제가 있다. 모나드는 부분이 없으므로 질료의 한쪽이 운동법칙에 따라 질료의 다른 한쪽으로 움직일 때 운동법칙과 일치하는 어떤 변화도 일으킬 수 없다. 실체나 우유가 모나드 외부에서 내부로 들어가는 존재론적 상황은 특수지각으로만 가능하다.

8   모나드의 '질'은 속성으로 크기나 형태나 운동 같은 질적인 특성이 없다. 그러나 모나드가 무無와 구분되기 위해서는 질을 가져야 한다. 만약 모나드가 모두 동일한 질을 갖는다면 우리가 경험세계에서 관찰하는 다양성의 변화를 설명할 수 없다. 모나드가 서로 다른 질을 가져야 한다는 요청은 세계존재를 궁극적으로 설명하기 위한 것이다. 만약 진공이 있다면 모나드의 상이한 배치에서 무한한 다양성을 생겨나게 하는 것이 가능하다. 그러나 진공은 없으며 진공 대신 '공간의 채워짐'이 있다. 이는 전체 물체가 서로 간의 관계를 유지하며 그 자체로서 관계의 현상을 나타낸다는 것을 뜻한다. 자연적 관성은 모든 모나드에 제1질료처럼 작용하고 모나드를 현상적으로 나타나게 한다. 자연은 질료의 부분에 상이하고도 변경을 담는 에너지를 부하한다. 그래서 상이한 생명의 과정을 겪는 유기

체적 본질은 어떤 것은 식물, 어떤 것은 동물, 또 어떤 것은 합리적인 동물의 특수지각으로 존재방식이 드러난다.

현대정보통신과학기술에서 본다면 모나드의 역동적인 과정은 이러한 생명의 과정을 프로그램에 저장하는 데이터뱅크와 같다. 모든 정보는 궁극적으로 전기 전하와 전기 부하의 상이한 배치에서 도출된다. 모나드 안에 공간이 들어 있는 한 공간의 다양성은 서로 등급이 다른 질을 갖는 모나드에 의해 생겨난다. 경험적 세계에서 복합적인 것 또는 일상생활의 모든 물리적 대상이 구분되는 까닭은 단순실체로 그들을 복합적으로 구성하게 하는 질 때문이다. 모나드의 질은 서로 구분됨에 따라 일상적인 세계의 변화와 다양성이 가능하다. 이 논의는 우주의 모든 정보는 0과 1의 상이한 조합으로 코드화된다는 생각을 잘 드러낸다. 1은 절대적 단순성의 의미에서 활동적 존재인 신이고, 0은 수동성과 존재의 부재를 뜻하는 질료다. 단순실체들의 질적인 차이로 말미암아 다양하고 상이한 사물들의 상태가 등장한다.

9   라이프니츠는 분간할 수 없는 것의 동일성 원칙을 설명하고 있다. 모든 모나드는 어떤 질을 가져야 하고 이들은 모두 똑같지 않아야 한다. 각 모나드는 모든 다른 모나드와 구분되는 유일한 특질과 집합을 지닌다. 복합실체는 위치를 변화시킬 수 있는 부분을 갖기 때문에 복합실체에는 여러 가지 명명이 가능하다. 사물 자체에 속한 것은 외재적 명명이지만 하나의 사물과 다른 사물의 내재적 차이는 항상 존재론적으로 지시될 수 있다. A에 대해 참인 모든 것이 B에 대해서도 참이면 A와 B는 이름이 다르더라도 그것이 지시하는 대상은 같다. 예를 들어 하나의 동일한 별을 두고 보이는 시간대에 따라 저녁별이라고 부르기도 하고 샛별이라고 부르지만 둘 다 동일한 천문학적 대상인 금성을 가리킨다.

라이프니츠는 스콜라철학에서 사물의 실재적 종의 관념을 거부하고 모든 질료의 질을 궁극적으로 연장과 운동이라는 양태로 환원시킨다. 즉 유기체적 물체의 양적인 속성과 형상이나 영혼의 질적인 속성, 또는 통일의 원칙 사이에는 일대일 상응이 있다. 살아 있는 유기체의 영혼은 몸 또는 질료의 형식이고 형상은 물체에 하나의 유기적 통일을 준다. 몸은 그들의 부분보다 많은 것이 아닌 진짜 통일을 지니므로 오직 살아 있는 유기체만이 실재적으로 우주에 가득 차 있다. 형상은 통일의 원칙이 되는 질료 없이는 존재할 수 없으므로 모든 형상이나 영혼은 형상이 몸에 존재론적으로 앞서 있을지라도 항상 몸을 가져야 한다.

10 육안의 물리세계가 운동이 없고 정지해 있다고 할지라도, 만물은 현실적으로 매 순간 변화하며 실제세계를 구성하는 입자들로 운동하고 있다. 지구상의 모든 온도변화는 입자들이 항상 운동하고 있다는 것을 증명한다. 절대적인 제로 운동은 결코 없다. 오늘날 자연과학자 또한 이러한 관점에 충분히 동의하고 있다. 라이프니츠의 형이상학 논의는 궁극적으로 질료는 근원적인 수동적 힘과 활동적 힘, 곧, 에너지의 혼합이라는 이론에 근거한다. 근원적·수동적 힘은 운동을 막는 불가입성이나 견고성에 저항하는 힘이며, 근원적·활동적 힘은 다른 물체에 작용하는 정역학 에너지의 힘을 의미한다. 만물은 수동적 힘과 활동적 힘의 조합으로 구성되기 때문에 만물이 운동하지 않아 중지된 것처럼 보일 때도 질료는 늘 운동하고 있다. 각 모나드는 뚫고 들어오는 것을 막는 불가입성이나 견고성에 저항하는 근원적·수동적 힘과 다른 물체에 작용하는 근원적·활동적 힘으로 작용하는 에너지로서 질료를 만난다. 근원적·활동적 힘의 에너지는 잠재적으로는 그 자체로 존재할 수 없이 끊임없이 운동한다. 여기서 질료가 상시적으로 변해야 한다면 모나드도 상시적으로

변해야 하므로 모나드는 그러한 임계현상에서 몸을 필요로 한다. 질료와 모나드의 일대일 상응관계 형성에 주어진 시간에서 한 모나드의 질은 다른 모든 모나드와 다를 뿐 아니라 동일한 모나드의 질도 매 순간 달라진다. 자연은 갑작스러운 비약은 하지 않지만 모든 모나드 상태의 변화는 지속되므로 만물의 세계변화는 마치 무수히 많은 카메라가 동시에 서로 다른 관점에서 같은 장면을 촬영하는 것과 같다.

11 《변신론》§390에 따르면, 신은 개별 사물을 창조하면서 개별자의 우유에 앞서 본질을 창조하고 사물의 결과에 앞선 본성을 창조함으로써 창조질서의 우위를 확립한다. 신은 이러한 지혜로써 영혼이 신체기관이나 물리적인 영향에 의해 움직이지 않게 한다. 영혼은 작용원칙이지만 몸은 영혼의 의지에 합당한 것을 합당한 시간과 올바른 장소에서 행하도록 창조되어 있다.

뒤이은 《변신론》§396에서 실체적 형상은 현실적인 창조에서만 생겨날 수 있지만 예정조화 체계에서는 모든 영혼처럼 생성되거나 소멸되지 않으므로 영혼이 변화의 원칙일 수 있음을 비친다. 모든 단순실체와 모든 작용하는 실체에는 완전현실에 도달하려는 질료의 변용으로 우유의 질과 더불어 변화의 원인이 있다. 모나드의 변화에 외적 원인은 없지만 각 모나드에는 변화를 야기하는 내적인 원칙이 있다. 이 변화의 규칙은 알고리즘이다. 모든 모나드는 독립적으로 자신의 알고리즘을 수행하고 질을 변형시킨다. 모든 모나드는 시계처럼 동시에 달려가면서 자신에 내재된 논리구조의 자동기계처럼 변화를 야기하는 자연적 힘을 얻는다.

12 범례화un detail는 모든 모나드 자신의 변화사례의 특수화를 가리킨다. 말하자면 이것은 저마다의 특수지각에 따라 모나드 발전의 전 과정을 통제하는 컴퓨터 프로그래밍과 같다. 모든 술어의 과거와

현재와 미래를 포함하는 모나드의 완전한 개념 역시 현실세계로 이어질 범례를 필요로 한다. 이러한 범례화가 각자의 모나드를 유일하고 개별적이게 하며 모든 모나드를 다르게 만든다. 그래서 단순실체에는 특수본질과 다양성을 구성하는 변화의 범례화가 있어야 한다. 모든 모나드는 범례화에 따른 차별화로 시간과 공간의 변화를 담는 전체 물리적 세계를 구성하게 된다. 모나드의 내적인 복합성으로 상호 연관된 질에 대한 수학적 방정식체계는 모나드가 실행하는 프로그램에 비유된다. 모나드가 현실에서 다른 것은 그들의 범례화가 다르기 때문이다. 상이한 질을 갖는 모나드의 차이는 모나드 자체의 범례화 내용에 있다.

13 모나드의 변화는 지속적이고 점진적이다. 어떤 전망은 동일하게 머물지만 어떤 다른 전망은 변화한다. 모나드의 범례화는 복합적이어서 많은 속성들과 관계를 포함한다. 모나드의 다양성은 내적인 변화양태를 지칭하지만, 다수성은 모나드 사이의 질적인 관계의 산술적 양태를 의미한다. 각 모나드의 내적인 범례화는 시간과 공간의 논리적 기초로 쓰이기에 충분할 만큼 복합적이다. 전체 시간과 공간의 세계는 각 모나드의 프로그램이 범례화되어 구성한다.

14 물질적인 몸에서 비물질적인 영혼이 완전히 분리되는 것이 죽음이라고 한 데카르트의 주장은 틀렸다. 우리가 죽음이라고 부르는 것은 몸속에 있는 영혼이 활동하지 않는 기간이라고 보는 것이 적당하다. 죽음 이후에 영혼이 몸과 분리되는가 하는 형이상학의 문제는 꿈과 현실의 구분에 상응한다. 인간영혼은 죽음 이후에도 몸에서 분리될 수 없으며 몸에 속해 있을 수 있지만 무의식 상태에 있는 것 같다. 각 모나드는 가상현실을 위해 인공지능 프로그램을 실행하는 컴퓨터와 같다. 복합적 프로그램을 운영하는 컴퓨터는 고성능 물리적 설비를 통해 인공지능의 내용을 가지고 사용자의 심리적 범

레화에 따라 가상현실을 구현한다.

15 모나드 세계의 통행증이 지각이라면 통행증의 권리 행사를 확장하고 완전하게 방향을 주는 것은 욕구다. 하나의 지각에서 다른 지각으로 변화를 일으키는 내적인 원칙의 작용원인으로서 욕구는 더 큰 완전성을 지향한다. 한 장소에서 다른 장소로 이동하는 지각의 변화를 담아내는 욕구는 다른 것들과 경쟁함으로써 모든 욕구가 진전하며 새로운 지각의 집합에 귀착된다.

모나드가 다음 단계의 내적인 상태를 지향하는 것은 모나드의 내적인 논리적 힘이 가상현실과 인공지능을 이끌기 때문이다. 모나드의 가상현실은 전 우주의 후속의식을 물리적으로 재현하는 동시에 세계의 심리상태를 지각하는 인공지능으로 말미암는다. 가상현실과 인공지능은 동시병행으로 작동되며 양자를 연결하는 모나드의 질은 모나드 전망의 내적인 프로그램의 범례화로 변형되며 조율되어 간다. 모든 모나드 프로그램 내부에는 자동기계가 있으며 지속적으로 판명한 가상을 생성하게 하는 가상현실 프로그램을 갖는다.

16 이 구절은 20세기 초 논리실증주의 운동을 이끌면서 철학을 정박할 항구 없이 항해하는 배에 비유한 노이라트O. Neurath를 연상시킨다. 프랑스의 벨P. Bayle은 1695~1697년《역사비평사전Dictionnaire historique et critique》을 출간했다. 벨은 이 책의 '로라리우스Rorarius' 항목에서 라이프니츠의 예정조화 체계의 영혼을 바람의 방향이나 물결의 흐름에 항로를 통제하는 선장이 없이도 목적지에 정확하게 도달하는 배에 비유하면서 작용하지도 받지도 않는 예정조화 철학을 비판한다. 이 이야기의 발단은 1539년 벨레트리에서 추기경 베르나르Cardinal Bernard of Cles가 손님들을 불러놓고 고강도 훈련을 받은 개의 재주를 보여준 데서 비롯된다. 이 개에게 악보를 보여주자 개는 앞발을 들고 노래하기 시작했고 조 옮김 표도 읽고 음정의 높낮

이도 조절했다. 추기경과 토론한 로라리우스는 이성이 종종 인간보다 동물에게서 더 잘 발휘되며 동물들에게도 합리적인 영혼이 있다고 동조했다. 1세기가 지나면서 데카르트는 동물과 기계는 영혼이 없다면서 이들 인문주의자의 입장을 반박하였다. 라이프니츠는 기계 같은 인간영혼의 부분은 자동적이지만 자족적이며 자율적으로 보았다.

17 라이프니츠는 이 구절에서 벨의 '로라리우스' 항목의 종교와 이성의 불일치와 관련해 프로이센의 샤를로테 왕비와 나눈 철학 살롱의 담론을 회고한다. 즉 은총과 이성의 불일치는 감정이 지배하는 종교와 이성이 지배하는 과학의 갈등이다. 모나드 상태는 변화의 내적 원리인 욕구에 따라 야기되지만 변화는 질료에 있는 역학적 원인으로 야기되지는 않는다. 기계는 공간적으로 운동부분을 갖지만 지각은 기계적으로 산출될 수 없고 오직 단순실체로만 생겨난다. 각 모나드는 정보를 변형하며 산술적으로 그가 지각하는 현상을 생기게 한다. 모나드가 현상을 알고리즘으로 지각할 때 알고리즘에 의한 지각이 역학적 지각을 의미하지는 않는다.

라이프니츠가 제안한 새로운 역학은 스피노자의 기하학적 필연성이 아니라 신에 의한 최선의 선택의 법칙에 따르는 것이다. 이 원칙은 만물 가운데 일어난 첫 번째 실체의 인식작용에 따라 추후 만물을 최상의 지혜와 어울리며 조화를 이루게 하는 것이다. 영혼이 몸에 영향을 주고 몸이 영혼에 영향을 줄 때 영혼은 엔텔레케이아나 활동적 원칙을 형성한다. 이 원칙을 따르면 영혼만이 활동성을 갖고 몸은 수동적인 것만을 포함한다.

18 아리스토텔레스 형이상학의 개념인 엔텔레케이아는 질료가 형상을 이루고 운동을 거친 완전현실, 즉, 목적달성을 가리킨다. 단순실체로서 모나드 세계의 현실에는 엔텔레케이아가 도입된다. 단순실

체와 피조의 모나드는 신에 의존하지만 다른 모든 존재자에 대해서 자신의 내적인 활동의 원천을 독립적이고 자기만족적인 자동기계로 만든다. 단순실체나 피조의 모나드는 영혼의 메아리처럼 물질에 대한 영혼의 활동으로 비물질적 자동기계를 만든다.

19 영혼 같은 모나드와 단순지각과 감각을 갖는 모나드는 구분된다. 단순 모나드는 단순지각을 갖고 동물영혼은 감각을 갖는다. 단순실체는 계산을 할 뿐이지만 영혼은 수학을 할 수 있다. 아주 단순한 가상현실과 인공지능을 갖춘 모나드에 비해 영혼은 가상현실과 인공지능으로 복잡한 기억을 수반하는 알고리즘을 수행한다. 영혼은 기억과 더욱 강력한 지각능력을 갖는 것들에 적절하게 대응하기 때문이다.

20 우리는 종종 무의식적인 지각이나 혼동된 지각을 경험하며 이를 완전히 기억하지 못하는 경우가 있다. 영혼 안에서 일어나는 모든 사건발생은 그 자신에 의존하며 그로부터 이어지는 상태도 그에게서 유래한다. 모든 영혼은 이성적 인간이든 비이성적 동물이든 스스로의 의지에 따라 발생하고 변화한다.

라이프니츠는 영혼 안에서 일어나는 사건발생은 의지에 의존하지 않는다고 주장한다. 영혼은 지성이 인식하거나 지각할 수 없는 부분을 명백하게 지각할 수 있다. 이성적인 실체와 비이성적인 실체의 차이는 거울과 거울을 보는 자의 차이보다 크게 나타난다. 인간 정신의 깊이는 영혼과 마찬가지로 원치 않거나 믿지 않는 의지의 대상을 원하고 믿는 가치척도를 제공한다. 영혼은 이런 상태의 기억을 회복하는 잠재력을 지니므로 단순 모나드와 다르다.

21 단순실체는 어떤 정서나 지각에 의해 특성화되지 않으면 존재할 수 없으므로 지속화된 존재를 가져야 한다. 라이프니츠는 '미세지각'이라는 개념을 도입한다. 무의식은 모든 것이 혼동된 상태에 있는

것을 말하며 미세지각은 무의식의 지각과 같다. 이러한 지각에 대한 의식은 인간에게만 해당되는 것이 아니라 지속적인 의식의 상태를 유지하는 모든 감각적인 존재에 공통으로 적용된다.

22 모나드가 시간에 독립적인 까닭은 지각양태에 따라 시간의 흐름을 결정하기 때문이다. 모나드가 공간에 독립적인 까닭 역시 이동하고자 하는 통각방식에 따라 공간의 위치와 배열을 정정하기 때문이다. 모나드는 다른 모나드에 의해 영향을 받을 수 없으므로 모나드의 전체 역사는 모나드 변화의 내적인 법칙으로 정해진다. 주어진 시간에 모나드의 상태는 전적으로 그 자신의 직전 상태에 의존하며 미래 상태 역시 현재 상태에서 연역된다. 따라서 미래는 이미 모나드 내에 있으므로 모나드는 미래에 대비한다. 각 모나드의 전체 역사는 무시간적인 모나드의 완전한 개념 안에 포함되어 있다.

만물은 일정한 근거에서 생겨나고 신적인 예견에서 발생한다. 예견의 규정은 강요되는 것은 아니지만 예견대로 될 것이 확실하므로 미래적인 사건의 발생으로 보아도 된다. 신은 전 우주의 사건 경과를 한꺼번에 훑어보므로 원인과 결과의 결합이 필요하지 않으며 우주의 모든 부분에서 전체 우주를 보고 사물의 완전한 결합을 고려하신다. 이러한 체계에서 현재는 미래를 포함하고 미래는 현재를 바탕으로 예견되므로 만물은 모나드의 전후前後 각 부분 안에서 실체화된다.

23 혼수상태에서 깨어나는 것은 다시 의식을 가질 뿐만 아니라 이전의 지각을 의식한다는 것을 의미한다. 이 경우 다시 깨어난 자에게서 운동은 운동에 의해서만 야기될 수 있고 지각은 지각에 의해서만 야기될 수 있다. 첫 번째로 깨어난 의식의 지각은 무의식적인 지각으로 있었던 바로 직전의 지각에 의해서만 야기될 수 있다. 의식의 각성과 더불어 깨어난 자의 정신적 자동기계와 같은 영혼의 활동은

역학법칙에 상응한다. 현실세계의 물질로 수행되는 그의 운동은 표상을 통해 이상세계에 자신을 드러낸다.

마찬가지로 단순실체는 혼동된 표상이나 감정을 통해 우주를 지각하며 이러한 표상은 실체의 본성으로 인해 계속해서 변화하며 전체우주를 표현한다. 단순실체로부터 표상되는 운동이 하나의 다른 운동을 목표로 나아가듯이 모든 현존의 지각은 하나의 새로운 지각을 지향해 나아간다.

24 라이프니츠는 1664년 파리에서 슈밤머담J. Schwammerdam이 수행한 개구리 해부실험에서 기절한 동물의 상태를 관찰한 전라 모나드를 염두에 두고 있다. 동물이나 인간은 기절한 상태에서는 더 이상 고양된 지각을 할 수 없다. 전라 모나드는 구분할 수 있는 능력이 없으므로 무의식의 지경에 이른다. 단순지각을 갖는 단순 모나드는 영혼이 더 높은 지각의 위계를 유지하며 판명한 감각지각의 인도를 받으면 전라 모나드도 지각할 수 있다.

25 스피노자에서 신은 우리 안에 있지만 우리가 모르는 무한 속성을 갖는다. 라이프니츠는 스피노자의 신의 무한 속성이론과 유사하게 자기력은 우리가 직접 지각할 수 없지만 만물이 그에 대한 지각을 수행하므로 자기력의 지각이 없다고는 말할 수 없듯이 무의식이 있다고 말한다. 우리는 혼동된 자기력의 지각이나마 가져야 한다. 아무도 모르는 무한한 지각이 있다면 그것이 우리가 의식하는 지각과 같은 것인지를 누가 알려줄 수 있겠는가? 어느 누군가 그런 지각을 가졌다면 우리 스스로도 그런 판명한 지각을 가져야 한다.

26 동물이 인간의 추론과 비슷한 능력이 있다는 생각은 홉스에서 유래하며 흄D. Hume으로 이어져 관념연합 이론의 기초가 되었다. 라이프니츠는 코페르니쿠스주의자들이 프톨레마이오스C. Ptolemaeos의 천문학체계를 반박하기 위해 태양이 떠오르고 지는 자연현상을 감

각적 지각과 이성적 지각의 차이로 설명해야 했을 때 영혼과 몸의 관계도 그러하다고 지적한다. 태양이 떠오르고 지는 모습을 언어로 표현하거나 눈으로 관찰하는 실제 지각은 영혼보다는 몸과 감각기관에 의존한다. 자유가 지성적 실체에만 해당한다고 할지라도 모든 행위와 정열의 원칙은 전체 자연에 널리 펴져 있는 모든 단순실체에도 타당하다. 개들은 인간의 이성추론을 닮은 경험적 인과연쇄의 기억에 따라 행동한다.

27 라이프니츠는 동물의 인지발달을 위한 학습이론을 말하고 있다. 관념이 더 많은 인상을 만들면 더욱 신속하게 관념연합이 이루어진다. 영혼은 복합적인 인공지능 프로그램처럼 학습능력이 있다. 이러한 학습은 모나드 안에서 새로운 어떤 것의 출현을 의미하는 것이 아니라, 모나드의 내적인 기능에 의해 함축된 자료의 회상이다.

28 경험주의 의학 학파는 섹스투스 엠피리쿠스S. Empiricus를 암시한다. 섹스투스는 검증되지 않은 이론을 환자에 적용해 위험부담을 감수하기보다는 과거 경험에 의존해 치료하는 편이 낫다고 믿었다. 그러나 진리를 획득하는 최상의 방법은 경험이나 이론 중 어느 한쪽에 치우치는 것이 아니라 이론적 추론을 실제 경험과 결합하는 것이다. 중국에 서양 역법이 전래될 당시의 일화를 비유로 들어보자. 1644년 8월 1일 북경에서 일식을 관측할 수 있었다. 중국식 역법에 의한 예보는 모두 빗나가고 샬A. Schall이 예측한 서양 역법만이 적중했다. 서양 역법은 연역추론에 의존하면서도 중국식 역법보다 더욱 정확한 데이터를 제시하였다.

29 라이프니츠는 금수禽獸라고 부르는 동물과 인간의 구분은 협약에 의한 것이라고 본다. 이러한 협약은 필연적이고 영원한 진리에 대한 인식 능력의 차이에 기인한다. 라이프니츠는 인간을 동물과 구분하는 기준을 동일률이나 모순율에 따라 영원한 진리를 파악할 수

있는 능력에 있다고 보았다. 말하자면 인간은 이 원칙을 인식하므로 과학을 할 줄 아는 합리적인 동물이다. 아직까지 동물이 동일률이나 모순율을 사용하는 경지에 도달한 적은 없었다. 영혼의 내면에서 무엇이 진행되는지에 대한 합리적 반성은 인간으로 하여금 신에 대해 알게 한다. 영혼이 모나드와 같은 수준에 있는 한 인공지능 프로그램을 복합적으로 갖는 모나드는 이성의 능력을 통해 영원한 진리를 파악할 수 있다.

30 데카르트의 '나'라는 존재는 물질적 세계의 확실성에 도달하기 위하여 회의라는 방법을 사용한다. 그가 사유 자체의 순수한 지식에 도달하기 위해 선입견을 버려야 한다고 주장하는 이유는 회의 이후에 순차적으로 자아, 신, 영원한 진리의 세계에 도달하기 위한 것이다. 라이프니츠는 인간이 때때로 자의식이 없는 동물처럼 보이지만 동물과 인간의 차이는 자의식의 지식과 영원한 진리의 지식처럼 명쾌하며 인간은 영원한 진리에 대한 지식이 있다고 주장했다. 진리는 감각경험에서 도출되지 않으며 경험의 기원과 정당성에 대해 생각할 때만 우리의 사고를 반성적으로 이끈다. 이러한 진리는 보편적이고 제한되어 있지 않으며 인간이 인간에게서만 발견하는 무한 개념에서 유래한다. 인간은 지각하는 개별 사물을 의심하지 않고 자의식 없이도 지식을 얻을 수 있으며 감각을 사용해 경험세계를 항해할 수 있으며 수학으로 영원한 진리를 탐구할 수 있다. 인간은 합리적 존재로서 인간 자신의 본질을 아는 과정의 최종 단계는 하나의 제한되지 않은 등급에서 제한된 것을 포함하는 것으로 신을 지각하는 데 있다. 여기서 유한한 존재인 인간이 무한존재인 신을 지각한다.

31 인간의 이성 인식은 이성과 사실의 진리 모두에도 타당한 모순율과 배중률이라는 두 가지 논리적 대원칙에 의존한다. 모순율은 'p와

not p'를 동시에 주장하면 모순을 범한다는 원칙이다. 배중률은 모순율을 강화한 것인데, '만약 p가 참이면, not p는 거짓'이 된다는 원칙이다. 라이프니츠는 근원적인 진리는 직관에 의해 알려지는데 이는 이성의 진리에 속하거나 사실의 진리에 속하며 모순율이 근원적인 진리에 속한다고 말한다.

32 충족이라는 단어는 완전하고도 충분한 선행 조건을 지칭하는데 선행 조건이 충족적이면 충족이유가 일어난다. 충족이유율은 충족이유가 없으면 아무것도 일어나지 않는다는 원칙으로 만물은 다른 만물과 서로 연결되어 있기 때문에 완전한 충족이유는 전체 우주의 지식을 포함한다. 충족이유율은 사실의 진리를 확정할 때 사용되며 그럼에도 하나의 사건에 대한 충족이유를 모른다면 더 이상 과학은 없다.

33 '소크라테스가 기원전 399년 봄 아테네 법정에서 서 있고 동시에 앉아 있다'는 상황은 불가능한데 그것은 모순율에 어긋나기 때문이다. 이성의 진리가 필연적이며 그 반대가 불가능한 이유는 그러한 진리의 반대가 일어나지 못하게 하는 모순율의 원칙 때문이다. 이성의 진리에 따르면, 만사는 정해진 수순에 의해 필연적으로 일어난다. 홉스나 스피노자도 만사는 필연적으로 일어난다고 보았다. 한 사건이 가능하다는 말의 유일한 의미는 주어진 순간에 현실적인 것이 아니라 과거에 필연적으로 일어났거나 미래에 필연적으로 일어날 사태가 있다는 것임을 말한다. 라이프니츠는 홉스나 스피노자의 맹목적 필연주의와 관련해, 실현되지 않은 가능성에 대해서도 선택의 여지를 열어두었다. 그것이 시간의 잇따름에 따라 t1과 t2 사이에 있는 의미의 합성이다. 소크라테스가 t1에 서 있고 t2에는 앉아 있을 때, t1과 t2 시간에 서 있고 앉아 있다는 것이 논리적으로 가능하다.

34 수학에서 사용되는 표현은 모순율에 따라 정의·공리·공준이라는 가장 단순한 개념으로 환원할 수 있다.

35 모든 사건은 작용원인, 곧, 질료의 운동원인과 최종원인이라는 이중설명을 필요로 한다. 그러나 인과관계를 벗어나고 충족이유도 알 수 없는 단순관념이 있다는 것과 그것이 무엇인지는 알지만 일차적인 원칙이나 공리의 역할이 무엇인지 알기는 어려운 경우가 온다. 만약 원칙이나 공리가 명시적인 동일성을 주장한다면 A=A 형식으로 나타날 것이다. 한 개념을 완전하게 분석하는 과정은 무한하지만, 그것이 포함하는 단순개념의 총체성에는 아무도 도달할 수 없기 때문에, 더 이상 정의될 수 없는 근원적인 단순관념은 증명될 수 없다.

36 만약 우리가 개별자에 대한 완전한 개념을 갖는다면, 개별자에 대한 모든 진리는 분석적으로 참이다. 이는 모든 참된 명제에서는 술어 개념이 주어 개념에 포함되어 있기 때문에 모든 진리는 분석적이라는 것을 시사한다. 그러므로 필연적인 진리는 분석의 유한한 과정에 의해 도달할 수 있다. 그러나 모든 우연적인 진리가 필연적인 진리와 마찬가지로 분석적으로 참이라는 요구는 역설적이다. 이것은 만약 우리가 이미 모든 것을 안다면 새로 배울 것은 아무것도 없다는 것을 뜻한다. 그러나 개념의 완벽한 결합은 신의 자유로운 선택에 의해 가능하므로 모든 사건은 질료운동으로서 작용원인과 영혼의 위임에 의한 최종원인과 관련되는 이중설명을 필요로 한다. 근원적인 이성의 진리는 A=A와 같은 동일률로 '내가 쓴 것은 내가 썼던 것'이라고 진술하는 것과 같다. 이러한 진리는 배울 필요 없이 반복으로 알려진다. 근원적인 사실의 진리는 우리의 감각에 직접 다가오는 것에 대한 내적 체험으로 획득되며, 이러한 사실의 진리는 데카르트주의나 아우구스티누스의 사상에서 첫 번째 진리에 속

하는 "나는 생각한다. 그러므로 나는 존재한다"와 같다.

37 이곳에서의 범례화는 피조의 우주의 모든 변화의 총체성을 의미한 다. 우연적 사물의 후속은 충족이유에 의해 주어지지만 그 범례적 과정은 무한하므로, 이 사물의 후속 충족이유는 사물의 귀결이나 우연성의 외부에 놓여 있다.

38 우연적인 사물의 궁극적인 존재이유는 하나의 필연적 실체, 곧 신, 후속의 외부에 놓여 있다. 필연적 실체는 다른 존재에 대해서도 우연적이 아니므로, 자신을 제외한 다른 모든 존재에 대한 최종근거 가 된다. 이것은 일반적으로 신 존재에 대한 우주론적인 논증으로 알려져 있다. '탁월하게'라는 단어는 스콜라철학에서 결과에 대해 일반적인 것과 다른 원인을 갖는 경우를 가리킨다.

라이프니츠는 피조 모나드에서 변화의 충족이유는 모나드 자체에 있지 신에 있지 않다고 지적한다. 여기서 그는 변화의 원인이 신 자체 안에 있다고 보는 스피노자의 입장과 거리를 둔다. 신에게는 피조 모나드와는 다른 어떤 것과 상위의 탁월성과 활발함이 있는데, 이것이 모나드 내에서 변화 원칙의 원천이다.

39 우주는 서로 연결된 전체이고, 그 안에서 일어나는 만물의 충족이 유가 신 안에서 발견된다. 이는 오직 하나의 신만이 있고, 유일한 신 은 만물을 설명하는 데 충분하다는 점을 보여준다.

40 라이프니츠는 신은 유일하고 무한하기 때문에 자신을 제한할 것이 아무것도 없다는 점을 보여주고자 한다. 무한한 신이 유일한 까닭 은 그의 무수하게 많은 가능한 세계와 가능존재의 잇달음 밖의 피 조 세계가 있기 때문이다.

41 《형이상학론》§1에서 신의 절대적으로 완전한 본질은 모순을 포함 하지 않으며, 불가능한 것을 포함하지 않는다고 한다. 신의 권능과 지혜는 경계를 헤아릴 수 없으므로, 신은 최상과 측량할 수 없는 지

혜로 형이상학적으로나 도덕적으로 가장 완전하게 행동한다. 여기서 라이프니츠는 절대적이고 완전한 개념에서 출발해 신의 존재론적 증명을 시도한다. 완전은 무한한 적극적 실재와 동일하기 때문에 신은 절대적으로 완전하다.

42　신이 피조물에 완전성을 부여했는데도 피조물이 불완전한 까닭은 피조물의 본질 때문이다. 그들이 불완전성을 갖지 않거나 불완전하지 않다면 그들은 신일 것이다. 사물을 신과 구별되게 하는 것은 존재와 무의 다양한 뒤섞음이다. 여기서 라이프니츠는 사물 자신의 불완전성으로 자연적 관성을 꼽고 있다. 라이프니츠는 "피조물의 이 고유한 불완전성Cette imperfection originale은 물체들의 자연적 관성l'inertie naturelle des corps에 남아 있다"는 문장을 적었다가 나중에 삭제했다.

43　신의 지성intellectus Dei은 만물 본유의 원천이며 그의 지성 안에서는 본유와 존재의 구분이 없다. 전자는 가능성의 원천으로 영원한 진리의 영역에 속하지만 후자는 현실성의 우연적 사실의 영역에 있다. 후자는 전적으로 전자에 의존하며 그 역은 성립하지 않는다. 이때 본유는 사물의 관념·개념으로서, 이들은 신의 지성에 가능성으로 머무른다.

44　만약 본유가 실재를 갖는다면, 이 실재는 현실적으로 존재하는 것에 정초되어야 한다. 우연적 또는 현실적 존재는 그들의 본유 또는 가능성의 실현에 의존하므로 본유는 현실적 존재에 논리적으로 앞선다. 본유는 우연적 존재에 정초될 수 없으며 필연적 존재에 정초되어야 한다. 필연적 존재에서 그의 본유가 존재를 포함하면 본유와 가능성은 같아진다.

45　신은 가능하면 필연적으로 존재하신다. 신은 무한하여서 제한을 갖지 않기 때문이다. 제한이 있으면 부정이 있다. 신에게는 제한이 없

으므로 부정이 있을 수 없다. 따라서 신의 개념은 모순을 포함할 수 없다. 신은 오직 적극적 술어만 포함한다. 신의 존재론적 증명은 만물의 궁극적 원인인 신에서 출발해 아프리오리한 증명 원인에서 아포스테리오리한 결과로 간다. 신 존재의 우주론적 증명은 결과에서 원인으로 거슬러가기 때문에 아포스테리오리하게 출발하여 아프리오리하게 올라간다. 우주가 존재하는 한 그것은 신에 의해 창조된 것이어야 한다. 라이프니츠는 아프리오리한 증명이 아포스테리오리한 증명보다 우월하다고 한다.

46 데카르트에서 진리는 신의 지성이 아니라 의지에 의존한다. 당대 프랑스의 섭리주의자 푸아레M. Poiret는 신은 상이한 시기에 상이한 체계로 인류를 다스리며 우연적 진리는 신의 의지에 의존한다고 본다. 그는 세계를 선택하려는 신의 의지가 자의적이지 않은 까닭은 신은 최상을 선택하고 가장 조화로운 우주를 창조하기 때문이라고 여겼다.

라이프니츠도 신의 적합성의 원칙과 최상의 선택은 푸아레의 경우처럼 신의 의지를 따른다고 인정한다. 그런데 이러한 신의 의지가 자의적인 선택이라면 신이 왜 이 세계를 창조했는지를 설명할 여지가 더 이상 없고 왜 다른 가능한 세계가 아닌 이 세계를 선택했는지에 대한 충족이유도 자의적이 아니라고 전제하여야 한다. 라이프니츠는 신의 지성의 내적인 대상은 영원하면서도 필연적이므로 따라서 진리는 신의 의지에 의존하는 것이 아니라 그의 지성에 의존한다고 보아야 한다고 보았다.

47 전광석화와 같은 끊임없는 신성의 광휘Fulgurations continuelles는 신플라톤주의 영향을 받은 것이다. 중세 말의 철학자 쿠자누스N. Cusanus는 이를 신적인 존재의 전개라고 했으며 라이프니츠는 신적인 통일로부터 사물로 유출된 것이라 말한다. 신은 통일이거나 단순실

체다. 신은 부분을 갖지 않으며 그의 오성은 무한하게 많은 복합개
념으로 상이한 술어와 전망을 갖는다.

48 라이프니츠는 여기서 피조 모나드라는 단어를 사용한다. 피조 모나
드는 신성의 광휘에서 매 순간마다 생겨난다. 신의 삼위일체의 속
성은 능력·지식·의지다. 성부는 능력이고, 성자는 지식이고, 성령
은 의지다. 모나드는 신의 유한한 상이거나 모방이다. 이탈리아의
인문주의자 바르바로Ermolao Barbaro는 스콜라철학의 오해와 불신으
로부터 진짜 아리스토텔레스를 구하기 위한 노력에서 엔텔레케이
아를 '완전현실을 실현한 자perfecti-babiae'라고 번역했다.

49 로스G. M. Ross에 따르면, 모나드가 상호작용하지 않을지라도 하나
는 활동적인 파동에 속하고 다른 하나는 수동적인 파동에 속하는
경우가 있다. 을이 〈모나드론〉 독서에 열중할 경우 갑이 을 뒤로 슬
그머니 다가가서 그의 머리를 살짝 건드렸을 때 갑은 이 사건후속
을 판명하게 지각한다. 그러나 을이 독서에 열중하고 있었다면 머
리를 스친 감각은 이전에 그가 무엇을 직접지각하고 있었는지를 잊
게 한다. 그 지각은 혼돈스러울 것이고 자신에게 무슨 일이 일어났
고 나타났는지를 모를 수도 있다.

피조의 존재에는 근원적인 수동적 힘과 활동적 힘이 뒤섞여 있지만
하나의 다른 모나드 사이에는 직접적 상호작용이 없다. 데카르트의
인식론이 명석 판명한 관념에서 출발한다면 라이프니츠의 인식론
은 《형이상학론》 §24에서처럼 밝은 판명한 지각과 어두운 혼동된
지각이 혼합된 상태를 전제한다. 실체의 근원적 활동성은 지각의
완전 및 판명성과 동일시되고 근원적 수동성은 지각의 불완전 및
혼동과 동일시된다. 대부분 피조 사물의 지각의 활동성과 수동성은
절대적 관계가 아닌 상대적 관계다.

50 하나의 모나드가 다른 모나드보다 단지 판명한 지각을 갖는다는 의

미가 아니라 신이 어떤 반작용 없이 하나의 결과를 야기할 수 있다는 것을 의미한다. 우리의 상태는 결코 완전하지 않으며 우리의 지각은 언제나 부분적으로 혼동되어 있다. 우리는 항상 부분적으로 활동적이고 부분적으로 수동적이다. 활동성과 수동성의 차이는 등급의 차이다.

갑이 을의 머리를 친다면, 갑은 복잡하게 구성된 질료의 반작용 때문에 손과 팔에 갑작스러운 고통을 느낄 것이고 상대적 활동성이 많지만, 을에게는 상대적으로 수동성이 증가한다. 양자는 모두 혼동된 지각을 지닌다. 모든 사건은 다른 사물에 대한 한 사물의 일방적인 작용에서가 아니라 상호내부작용으로 일어난다.

51 신이 우주를 창조하기로 결정하고 모든 모나드의 가능성 중에서 최선의 조합을 선택했을 때, 최상의 중요한 기준은 모든 모나드가 서로 조화로워야 한다는 것이다. 하나에 일어나는 것은 모든 다른 것에 일어나는 것에 상응하거나 조율되어야 한다. 예컨대 갑 자신이 을의 머리를 치는 것을 지각할 때, 을은 자신의 머리가 맞은 것을 지각한다. 라이프니츠에 따르면, 신이 하나의 모나드에게 타자에 대해 관심을 기울일 것을 요구했기 때문에 이런 일이 일어난 것이다. 명백하게 창조되기 전의 가능성을 지닌 모나드들은 그 가능성들이 존재를 향해 나아가고 자신과 양립할 수 없는 다른 것에 의해 방해를 받지 않으면 현실적으로 존재할 것이다. 가능성은 조화로운 비율로 존재할 권리가 있다.

라이프니츠는 《형이상학론》 §33에서 우주의 모든 물체는 밀접하게 연결되어 있다고 한다. 우리의 영혼은 마치 해안에서 파도 소리를 듣는 것 같은 혼동된 지각을 가지면서 모든 것에 세세하게 주의를 기울인다. 엄밀한 형이상학의 언어에서 신만이 나에게 선이나 악을 행할 수 있다. 다른 실체들은 이러한 규정의 근거에 봉사할 뿐이다.

여기서 모나드는 실제로 서로 영향을 주고받는 일이 없다. 그렇기 때문에 '이상적'이라는 단어가 반드시 실재적임을 뜻하지는 않는다. 오직 신만이 사물에 실재 영향을 끼치는 경우의 인과 작용에 실재적이다.

52 상호작용하는 피조물은 부분적으로 활동적이고 부분적으로 수동적이며 호혜적이다. 갑이 을의 머리를 치는 것을 보는 나의 지각은 남의 머릿속에 번득이는 딱딱한 칼슘 입자에 의해 방해받지 않지만, 갑과 을 사이에는 작용과 동등한 힘으로 반작용이 일어난다. 이러한 활동성과 수동성의 차이는 지각 등급과 각자가 처한 곳에서 표현하는 동일한 우주에 대한 전망의 문제다.

《변신론》 1부 §66은 하나의 실체가 자신에게서 일어나는 것의 근거를 다른 것에서 발견하는 한 다른 실체에 이상적으로 의존하는 몸과 마음의 의존성을 말한다. 예를 들어 마음이 평정을 유지하고 명쾌한 생각을 하고 있으면 신이 몸에 작용하여 몸으로 하여금 마음의 명령을 수행하게 조절한다. 그러나 마음이 불완전하고 흐릿한 상태에 있으면 신은 마음에 맞추어 몸을 조절하므로 마음이 몸의 표상에서 오는 정열에 이끌리게 한다.

53 라이프니츠는 스피노자와는 반대로 신은 다른 가능세계들에서 하나의 최상의 세계의 선택을 결정하며 신의 선택은 자의적이 아니라 합리적이라고 본다. 결정한다는 단어는 인과적으로 필연적이라는 것을 의미하지 않으며 특별한 경우의 가능성과 보편성의 제한을 의미한다.

54 모나드 상호 간의 지각 조율에 의한 조화는 완전성 등급에 따라 존재를 요구하므로 조화의 등급은 상호 간의 적극적 실재, 판명한 지각의 합계다. 실재로 최상의 가능세계는 조화와 실재 양자 사이의 최적의 약속에서 생긴다.

55 만물은 서로 겹쳐 있지만 그것이 많은 세계가 여러 시간과 공간에 존재할 수 있다는 것을 의미하지는 않는다. 신은 그의 선善 의지로 최상의 가능한 우주를 선택한 것이고, 그의 지혜는 지식에서 우러나온 것이며, 그의 능력은 창조 작용으로 말미암은 것이다. 세계란 시간과 공간으로 채워진 수많은 가능한 세계에 대해 역시 무한하게 많은 시간과 공간을 현실화하는 가능성의 총화다. 신은 필연적으로 최상세계를 선택하므로 수많은 세계 가운데 우연적으로 이 세계가 있게 만든다. 신은 창조계획을 세울 때 자신의 완전성이 가장 효과적으로 드러나 작용하게 하고 자신의 위대성·지혜·호의가 가장 위엄 있는 방식으로 드러나도록 의도한다. 신은 순수한 가능성의 상태에서 모든 피조물이 가장 적절한 방식으로 행위 하도록 후견하므로 이러한 계획을 실천에 옮기려는 건축가에 비유된다. 건축가는 자신의 만족이나 영광을 위해 아름다운 궁전을 지으려 하고 이 건축물에 속하는 모든 것을 후견한다. 라이프니츠는 신의 이러한 행위를 변호한다.

56 모든 일은 신적인 예정을 바탕으로 하여 일어난다. 이 규정은 강제적인 것은 아니지만 현재 인간에게는 모든 것을 확실하게 느끼게 하고 미래사건의 예견에 대한 안도감을 준다. 신은 우주를 선택할 때 한꺼번에 전 우주의 과정을 꿰뚫어보고 계셨다. 그렇기 때문에 이러한 작용을 예견하기 위해 구태의연하게 원인과 결과를 결합시킬 필요가 없다. 현재는 그 자체로 미래를 잉태하지만 모든 존재자는 존재자들에서 되어갈 것을 보살핀다. 서로 독립적인 각 모나드의 지각은 그들 각자의 관계를 표현한다. 모나드가 다른 모든 모나드와 관계를 맺어야 하는 이유는 우주가 그들과 서로 조화롭게 조율해야 되기 때문이다.

모나드는 서로 연결되어 있을지라도 실제로 각자에 대해 인과적인 영향을 주지는 않는다. 다만 실제로 영향을 주고받는 것처럼 보일 뿐이다. 각각의 모나드 사이에 거리가 있어야 하는 것은 아니다. 하지만 각 모나드는 물리적인 운동을 유발하는 에테르처럼 더욱 효과적인 역학적 관계를 표현한다. 라이프니츠는 모나드 사이에 중력 작용은 부정하지만 모나드 사이가 거울 같음을 인정한다. 하나의 모나드는 존재나 우유와 내부적으로 소통할 수 없지만, 은유적으로 각 모나드는 우주의 모든 다른 모나드를 지속적으로 반사한다.

57 똑같은 경복궁을 보더라도 인왕산에서 본 전망과 백악산에서 본 전망은 다르다. 왕궁의 전망은 보는 위치의 관점에 따라 다르지만 궁성 자체는 동일하다. 모나드 안에는 공간이 있기 때문에 다원적 전망이 있음에도 서로에게 동일한 모나드일 뿐이다. 모나드 안에 공간이 있다고 할 수 있는 것은 모나드의 관점이 다른 모나드와의 관계에서 공간의 유일한 위치를 서로에게 공지해 주기 때문이다.

전망주의는 같은 실재라도 서로 다른 사물들을 위한 서로 다른 현상을 가지며, 같은 실재에 대해 서로 다른 견해를 가지며 현상과 실재가 어떻게 서로 다른지 설명한다. 각 사람은 자신의 관점과 안목에서 우주를 평가하지만 모든 사람에 의해 경험되고 해석된 기호·상징·제스처로 표상된 가치와 관념을 공유한다. 모나드를 '인간'에게 적용하면, 모나드와 인간은 서로 독립적이지만 서로 연결되어 있다. 모나드와 인간은 공통적으로 서로 독립적이면서도 서로 연결되어 상호 의존적인 특성을 띤다.

① 모든 인간은 비슷한 상황에서 비슷한 경험을 한다.

② 어떤 인간의 경험도 어떤 다른 인간 존재에게 직접 전달될 수 없다.

③ 모든 인간은 다른 인간과 그들의 관념과 감정으로 소통할 수 있다. 이때 다른 인간에게 간접적으로 접근할 수 있는 사적 경험을 이용한다.

④ 모든 인간은 자신만의 테두리를 갖는 하나의 세계에 머물며 산다.

58 무질서와 질서는 서로 가변성을 획득하는 과정에서 선택지로 나타난다. 큰 질서가 있는 곳에는 어떤 무질서가 숨어 있다. 질서가 있는 곳에는 무질서도 있으며 무질서를 버려야 질서가 획득된다. 거짓말이나 악마적 본질의 무질서도 선택하는 자의 의지에 달렸다. 피조물은 일단 악에 가까이 가려는 성향이 있으며, 아담과 이브도 악마가 그들을 유혹하자 자신의 의지로 범죄를 저질렀다. 이런 선택지의 결정방식으로 피조물은 창조세계가 가능한 한 최대의 완전성에 이르는 데 기여한다.

59 특별한 가설이 최상이라는 것은 그것이 틀림없이 참일 것이라는 근거 때문이다. 벨은 신에게 가능한 더 많은 속성이 있다고 상정했을 뿐 근거를 제시하지 못했다. 예정조화의 가설도입의 이유는, 신이 모든 모나드를 그들 자신의 관점에서 만물을 비추도록 한꺼번에 그리고 영원히 조절했을 때, 어떻게 모나드가 정상적 방식으로 소통할 수 있었고 동일한 실재를 반성할 수 있었는지를 설명하기 위해서였다. 모나드들이 어떤 때는 혼동되게 어떤 때는 판명하게 인식한다는 점 때문에 이 예정조화 가설은 기회원인주의라는 반론을 불러일으켰다. 라이프니츠는 신이 지속적으로 세계과정에 간섭한다는 주장이나 실재세계가 있다는 주장에는 동의하지 않았다.

60 우주의 조화에 대한 아프리오리한 논의는 원인에서 결과로 가는 근거를 준다. 아프리오리한 논의는 결과에서 가설적 원인으로 돌아가지 않는다. 라이프니츠는 모나드가 놓인 두 가지 근본 상황을 주목한다. 모든 모나드는 자신의 입장에서 우주를 표상하며 방해를 받지 않는 한에서 그의 본유의 존재를 현실화하는 과정에 있다. 아울러 모나드의 내부에 영향을 줄 수 있는 것은 아무것도 없다. 만약 우리가 모나드라면 우리가 모든 것을 지각할 수 없다는 점은 불 보듯

뻔하다. 우리가 지각하고 알아차리는 지각이란 전체 지각에서 아주 미세한 비율로만 결정되어 있는 판명한 지각에 불과하다. 우리는 물리적 접촉에서 사물을 판명하게 지각하며 이러한 지각의 속성은 우리의 감각기관에 의해 집중적으로 조명된다. 나머지 모든 지각은 우리가 분간할 수 없을 만큼 미세하다. 만약 우리가 만물을 판명하게 지각할 수 있었다면 우리는 거의 신과 같을 것이다. 이러한 신적인 지각은 우리가 알고 있는 지각과는 전적으로 다르다. 우리가 근본적으로 신과 구분되는 것은 우리의 지각 중에서 일부만이 판명하기 때문이며 타자와 구분되는 것은 단지 지각 내에서의 다양한 변조 때문이다.

61 모나드의 지각과 복합물체 사이에는 일대일 대응관계가 있다. 이것을 17세기 바로크 시대의 주름의 원칙이라고도 일컫는다. 복합적인 것에 존재 흔적으로 우주의 주름이 지워지지 않는 것은 모나드의 지각과 소통하며 대응한 결과이다. 물질적 우주에는 만물이 서로 연결되어 있어서 어떠한 질료의 한 조각도 우주의 운동법칙에 따라 이웃하는 곳의 질료 조각의 중재로 생겨난다.

우주의 주름 논의에 따르면 우주의 충만은 모든 운동이 모든 방향으로 전이되는 것이다. 꽉 찬 만물에서 우주에 충만한 충격의 파동은 그것이 확산되는 시간과 거리에 따라 감소하지만 자연에 최소의 저항이 없다면 무한하게 퍼질 것이다. 모든 물리적 대상은 운동 중이므로 주위 대상에 운동이 일어나도록 설정해놓은 것과 같다. 모든 대상은 다른 대상에 운동을 전송하고 하나의 대상은 다른 대상으로부터 운동을 전송하기도 받기도 한다. 모나드는 전 우주의 거울이다. 전능한 존재는 어느 곳에서나 일어나는 개별 대상의 운동에서 과거에 일어났던 것, 미래에 일어날 것을 읽을 수 있다. 여기서 에너지 보존법칙의 근본 사상과 정보 보존법칙이 탄생한다. 우주의 충만은 각 물체가 무한 계산의 수행으로 만물에 작용하는 힘의 무한성을 등록하고 요구된 결과를 산출하는 수학적 공식의 빅 데이터의 정보화로 말미암는다.

정보공학의 관점에서 정보는 특별한 방향의 특별한 속도와 역학 에너지의 운동으로 흘러간다. 만약 전능한 존재가 만물의 입자의 컴퓨터 프로그램에 포함된 정보를 모두 읽는다면 그 존재는 우주의 모든 입자의 관점에서 그에 작용하는 모든 힘을 계산할 수 있다. 모든 모나드는 지속적 상태의 진화를 결정하는 프로그램에서 물질적 우주의 각 부분에 일대일로 상응한다. 질료영역에 모나드에 상응하는 어떤 것이 있고 다른 사물에 대한 사물의 영향력이 거리에 반비례한다는 데는 두 가지 전제가 있다. 하나는 거리가 멀면 멀수록 효과가 작다는 것이고, 다른 하나는 한 사물에서 다른 사물로 가는 공간을 통해 움직이는 과정에는 시간이 걸린다는 것이다. 모든 모나드가 무한하다 해도 공간을 통해 운동하는 사물에 영향을 끼치는 데는 오랜 시간이 걸린다. 따라서 모든 모나드가 모든 모나드를 비춘다는 관념은 결국 하나의 무한한 모나드는 그 자체의 무한을 표상하는 데 적절한 부분집합을 가져야 한다는 것을 말한다.

62 영혼은 무한을 표상하는데 내 몸으로 만들기 위해서는 주위에 둘러싸인 몸들보다 자신을 판명하게 표상하므로 부적절한 부분집합이 발생한다. 몸이 전체 우주를 표상하는 것은 모나드가 전체 우주를 표상하는 것보다 논리적으로 앞서 있기 때문이다. 감각기관이 우리의 어떤 외적인 대상에 대해 상대적으로 판명한 지각을 갖게 할 수 있듯이 우리의 신경체계는 우리 몸의 부분들에 대해 판명한 지각을 하도록 몸의 외적인 표면에 집중한다. 영혼이 전 우주를 표상하는 것은 영혼이 몸을 표상하는 것이다.

§62의 몸의 창조에 관한 부분과 특별히 모나드가 논리적으로 공간

에 있는 몸들에 앞서 있다는 점은 영혼, 곧 마음에 있는 전체 우주에 대해 판명하거나 혼동된 표상들과, 몸에 있는 무한하게 복합적인 운동 사이에 일대일 상응관계가 있기 때문에 일어나는 현상이다.

63 하나의 완전한 존재는 형상과 질료 곧 모나드와 그 몸의 조합으로 이루어진다. 모나드가 단순 모나드이거나 엔텔레케이아이면 그것은 유기체이고, 영혼이면 그것은 감각적 피조물과 같은 생물이라 불린다. 라이프니츠는 유기적인 모나드의 지각의 유기적이라는 단어에 새로운 의미를 담기 위해 체계적이고 상호 연결된 전체라는 의미에서 이러한 명명들을 사용한다. 이들은 유기적으로 전체 우주의 보편조화를 비춘다.

64 우리가 살고 있는 행성체계의 모든 식물과 짐승과 인간은 일정한 등급의 완전성 체계를 갖춘 특별하고 완전한 작품이다. 인간의 몸은 톱니바퀴나 펌프·물레방아 같은 자연적 자동기계와 달리 신적인 기계다. 이 체계에서 우리는 창조자의 놀라운 기교를 발견한다. 우리에게 알려진 인간의 종이란 신적인 영역 또는 정신적 공화국의 작은 부분으로 오직 하나의 조각만을 제시할 따름이다. 인간이 이러한 작품을 지배하는 놀라운 질서를 꿰뚫어보기에는 아는 능력이 너무나 부족하다. 덜한 선은 악의 근거가 된다는 공리에 따라 신이 그의 작품을 더 잘 만들 수 있었다느니 그가 하지 않은 것도 할 수 있다느니 하는 논의는 나쁜 양식을 양산하는 오류의 원천이다. 뉴턴 역학의 자연철학의 방법은 신으로 하여금 자연의 과정에 개입하게 함으로써 우주 질서를 바로잡겠다는 것이다. 뉴턴의 발상 역시 바로 신의 능력에 대해 나쁜 논의를 낳게 하는 잘못을 저질렀다.

65 고대인들은 질료가 무한하게 나뉠 수 있다고 믿었고 원자론자들은 이를 부정했다. 라이프니츠는 질료를 무한하게 작은 부분들로 구성되었다고 간주하므로 원자론자를 반박한다. 질료가 무한하게 작은

무한소로 구성되었다는 발상은 미적분계산법에서 나온 것이다. 그들은 부분을 갖기 때문에 유한한 원자로 구성될 수 없다. 질료는 수학적 점들로 구성되며 무한하게 많은 수학적 점은 또다시 하나의 점을 이룬다. 질료가 무한소로 구성되므로 질료의 각 부분은 전체 우주를 표현할 수 있다. 질료의 무한소가 무한성을 지니고 상이한 길로 움직여가며 전체 우주를 표현하고 있다. 질료는 모나드에 있다. 모나드는 비록 작을지라도 무수히 많기 때문에 질료가 엔텔레케이아가 되도록 끊임없이 자원을 공급한다.

66 유기체적 자연계의 질료는 최대감소와 최소증가도 없으며 각 조작에는 고유한 지각운동이 있다.

67 여기서 조각이라고 번역한 portion이라는 단어는 물질을 나누면서 생겨나는 질료의 할당이나 배당을 뜻한다. 질료에 주어지는 각 배당은 살아 있는 유기체와 그 자체로 저항하는 힘을 갖는 질료로 구성된다. 살아 있는 몸 각각의 유기적인 부분은 더 살아 있는 물체와 저항하는 질료의 합이다.

68 만물은 유기체로 꽉 차 있다는 이 구절에서 표현되는 유기체 세계는 장자莊子의 〈제물론齊物論〉에서 표현된 우주와 유사하다. 주체와 객체의 합일을 말하지는 않지만 도구적 관점에서 지각과 비지각의 경계를 넘어서는 우주의 충만함을 짚고 있다.

69 유기체로 빈틈없이 꽉 채워진 전체 우주의 예정조화는 연못의 물고기를 바라보는 의식과 연못에서 헤엄치는 물고기 자신의 운동, 연못의 주변 정황 중 어느 것에서도 급작스러운 카오스나 혼란이 일어나지 않는다. 라이프니츠는 1685년 레이우엔훅이 제작한 현미경을 통한 정충의 연구 성과를 언급하고 있다. 우리의 지각이 혼동되어 있기 때문에 만사를 다 꿰뚫어볼 수는 없지만 현미경에 의해 미세하게 살아 있는 유기체에 대한 판명한 지각을 가질 수 있다.

70 모든 유기체는 자신만의 특별한 모나드를 가진다. 각 유기체는 더 작은 유기체의 복합체다. 여기 이 지배적인 엔텔레케이아는 유기체적 통일의 원칙이다. 본문에서 언급한 모나드 영역과 질료적인 영역 사이에는 일대일 대응관계가 성립한다. 질료적 영역에 전체와 부분이 있는 것처럼 모나드 영역에서 영혼은 기관의 통일원칙에 따르는 몸과 일대일로 대응한다.

71 라이프니츠는 만물은 유전한다는 헤라클레이토스Heracleitos의 원칙을 받아들여, 몸은 끊임없이 입자를 잃거나 얻는다고 여긴다. 유기체의 경우, 하나의 지배적 모나드가 하위 종속된 모나드들의 위계의 정점에 있다. 하위 종속된 유기체가 더 큰 유기체에 들어가거나 나갈 때는 어떤 변형이 있다. 예컨대 음식물은 인체의 일부가 되기도 하고 외부로 배출되기도 하지만 무게에는 어떤 변화를 초래할 수 있다.

72 자연에서는 만물의 생장과 소멸이 자연스럽게 이루어지며, 영혼은 점진적으로 그들 몸의 부분을 잃거나 얻는다. 동물은 형식의 변화에 예속되는 형태변형을 통해 상이한 종이 된다.《신인간오성론》3권 6장에서 라이프니츠는 호랑이나 표범 또는 살쾡이는 원래 같은 종이라거나, 영국산 불도그나 볼로냐 개가 다른 종이더라도 거의 같거나 비슷한 종이었을 가능성을 예로 든다. 라이프니츠는 자연에서 이와 같은 종의 변화를 17세기 연극무대의 어릿광대에 비유했다. 사람들은 어릿광대를 벗겨내어 진면목을 보려 하지만 얼마나 많은 옷을 입었는지 모르기 때문에 마지막을 모른다.

라이프니츠는 피타고라스나 플라톤의 영혼이 다른 몸으로 이주한다는 영혼전이나 영혼이주를 반박한다. 단순실체의 생성이나 절멸은 오직 신의 창조와 파괴에 의해서만 이루어진다. 라이프니츠는《변신론》2부 §124에서 반대하는 논조를 취하는 것처럼 보이지만 논의의 행간에 있는 주장은 단호하다. 유기체와 질료로부터 완전히 자유로울 수 있는 피조 정신이 없이는 이성적 피조물도 없다. 신의 지혜는 지각능력이 있고 이성 없는 실체가 하나의 물질세계에서 죄악을 저지르더라도 모든 가능한 사물 가운데 최상의 공명을 이끈다.

73 생성은 종의 새로운 구성원이 존재로 들어오는 과정이고 성장을 포함한다. 영혼이나 형상은 무를 통해 질료에 부착되는 것이 아니라 질료에 앞서 존재하는 생성의 선형성 과정에서 드러난다. 죽음은 반대 과정으로 물질적 우주 복합체의 주름으로 나타난다. 수많은 자연물에는 이러한 생성 과정의 흔적을 보여주는 주름이 잡혀 있다. 하지만 그들은 결코 무가 아니며 죽은 것도 아니다. 엄밀한 형이상학의 의미에서 우주에 죽음도 영혼의 소멸도 영혼과 몸의 분리도 없다.

74 레이우엔훅이 실험을 바탕으로 선형성이론을 제시했지만 당시 사회에서는 살아 있는 유기체에 대한 여러 이견이 있었다. 현미경의 발명 덕분에 어떤 질료에서 동시에 수많은 종류의 존재가 생겨날 수 있다는 사실이 밝혀졌다. 정액은 성숙한 동물을 특징짓는 형식을 포함한다. 그러나 정액이 새로운 동물의 생성이나 잉태 이전에 있는 것은 아니며, 동물 자체가 그에 앞서 존재한다는 것이다.

《변신론》 1부 §91에 따르면, 신의 지혜는 그의 작품인 만물이 완전히 조화되게 하고 자연과 은총은 상호 보완적이다. 세계가 시작된 이래로 유기체는 항상 존재했는데, 인간의 영혼은 어느 날 인간이 되라는 부름을 받았다는 것이다. 이러한 견해는 프랑스의 신학자 말브랑슈와 벨, 네덜란드의 하르추커르N. Hartsoeker 등 그 밖의 인물들의 견해와도 일치하며, 레이우엔훅이 현미경 관찰로 입증했다.

75 〈이성에 근거한 자연과 은총의 원리〉 주6을 참조하라. 라이프니츠는 아노A. Arnauld에게 보내는 1687년 4월 30일 편지에서 이들 동물

은 제한된 지각에 있을지라도 어느 날 변화로 가득한 무대로 등장하기까지 창조부터 살아 있어 종말까지 존속되리라 간주한다고 말했다.

76 아포스테리오리한 논증은 결과에 대한 경험적 관찰에서 원인을 도출하므로 원인에서 결과를 끌어내는 아프리오리한 논증을 강화한다. 라이프니츠는《변신론》1부 §90에서 아프리오리한 논증과 아포스테리오리한 논증의 일치를 보여준다. 동물에 유기적인 선형성이 있다고 가정하면, 이 동물은 생성되기 전에 이미 조직되어 있으므로 생성이라는 것은 실제로는 변형과 증가에 불과하다. 이는 아프리오리한 전제에서 출발한 논의. 반면 영혼의 보존 차원에서 이들이 한번 창조되면 전체 자연의 질서에서 영혼이 완전히 각 물체에서 떨어져나가 자연적으로 생성되고 자연력으로 파괴되지 않는다. 그렇기 때문에 이들의 가시적인 죽음은 단지 표면적인 현상에 불과하다고 보는 아포스테리오리한 논증이다.

77 몸에 질료가 지속적으로 유출될지라도 영혼은 몸에 어떤 것으로 남는다. 오늘날 음의 파동분석으로 137억 년 전 우주빅뱅을 규명하는 것처럼 물질적 우주에는 항상 이들의 주름이 남아 있다. 영혼이나 모나드에 남은 존재의 자국은 파괴될 수 없는 우주의 거울에 아포스테리오리하게 비추어진다.

78 라이프니츠는 '존재한다. 그러므로 그렇다'라는 유명한 철학의 명제로 예정조화 이론을 신봉한 네덜란드 철학자 횔링크스A. Geulincx가 사용한 시계비유를 든다. 시각이 정확하게 맞춰진 두 시계는 상호작용이 없더라도 똑같이 움직인다. 몸과 영혼 또는 몸과 마음의 관계도 엄밀한 의미에서는 그들 존재가 복합적 구속이라는 점에서 상호 호혜적이다. 영혼에 있는 지각과 몸에 있는 운동 사이에는 일대일의 상응이 있으며 양자는 인과적인 영향 없이 각자의 법칙을

따른다. 그들이 서로 상응하는 이유는 모든 실체 사이의 '예정된' 조화 때문이다.

79 두뇌는 자연적 기계다. 두뇌 속에 있는 상이한 형태와 크기의 입자들이 상이한 속도와 방향으로 움직이면, 두뇌는 신경을 조정해 운동하게 한다. 철학수업 혹은 스포츠 활동 시간에 손을 들고 팔을 높이 올린다. 손을 움직이는 운동원인의 힘과 근육을 움직여 손을 올리게 상응하게 하는 영혼은 서로가 협력하여 지각과 통각으로 팔을 올리도록 의지한다. 영혼은 최종원인의 법칙에 따라 끊임없이 노력하고 더 큰 완전을 향해 나아간다. 작용원인에 따라 말하자면 물체는 그들에 작용하는 눈먼 힘인 역학법칙에 따라 움직이고 신은 작용원인과 최종원인이 완전히 조화를 이루게 한다.

80 데카르트는 운동량 보존법칙에 따라 역학법칙을 어기지 않고도 한 영혼이 몸에 영향을 줄 수 있다고 했다. 자연의 양은 증가할 수도 없고 감소할 수도 없다. 라이프니츠는 《형이상학론》§17에서 데카르트 역학의 오류를 지적한다. 만약 영혼이 두뇌 안의 질료의 입자를 더 빨리 움직이게 만들 수 있다면 이것은 역학법칙을 위배하는 것이다. 만약 영혼이 그 입자를 지운다면 그것은 상이한 목적을 위한 것으로 그 경우 운동의 총량은 보존될 것이다. 데카르트는 한 운동량은 하나의 방향으로만 보존된다는 것과 한 입자의 운동방향을 바꾸기 위해서는 에너지가 필요하다는 점을 발견하지 못했다. 데카르트가 이해하는 데 실패한 역학법칙은 라이프니츠의 자연의 살아 있는 힘으로 표현한 활력vis viva의 원칙에서 유기체적 관점으로 재탄생하여야 한다.

81 영혼을 전제하지 않고 물리적 사건을 설명할 수 있고 물체를 전제하지 않고 영혼을 설명할 수 있다면 양자의 설명은 접점 없이 평행을 이룰 것이다. 그러나 양 체계가 상호 규약 된 조화의 상황에서는

마치 서로가 영향을 주는 것처럼 보인다.

82 우주가 창조될 때 모든 생명체는 몸과 영혼으로 존재했으며 인간은
다른 생명체와 동일한 수준의 감각영혼의 존재로서 판명한 지각을
가졌다. 그러나 정액동물의 활동과 잉태로 인간 존재가 되자 그들
은 이성을 얻고 '선택된' 합리적 영혼과 정신의 특권을 갖는다. 라이
프니츠는 '선택된'이라는 신학적 용어로 이들의 신국의 질서를 설
명한다.

83 독일 통일 이전의 동독 학자들은 마르크스주의 토대에서 모나드 체
계를 해석했다. 정신에 의한 창조자의 모사를 봉건주의 질서의 반
영으로 간주하면 군주는 신이고 신하는 인간이다. 인간은 무엇을
하는지 이해하고 공적인 작업을 설치할 권력을 갖는다. 장원의 농
노는 명령에 의해서만 과제를 수행할 수 있는 동물과 같으며 노동
자는 단순 모나드다. 오늘날 후기 산업사회에서 정보를 물질로 대
신한다면, 모든 모나드는 실체이고 지각을 갖고 통각을 갖는 신의
상을 지닌 정보세계에서 살아가며 컴퓨터와 로봇의 작용은 모나드
지각의 정보이동 상황으로 해석할 수 있다.

인간은 필연적 진리의 지식을 갖고 자기의식을 갖고 신의 개념을
갖는다. 모든 모나드가 창조된 우주의 상이라면 인간의 영혼은 신
의 상이다. 인간은 동물과 달리 우주에 체계·기계를 만드는 지식을
사용하는 능력이 있다. 인간은 작은 신성으로 자신의 권위의 권역
에 살고 있다.

84 인간은 신 자신의 상으로 신과 인격적 또는 사회적 관계를 유지한
다. 신은 권력의 관점에서 왕으로서 그리고 사랑의 관점에서 아버
지로서 인간과 소통한다.

85 신국의 은유는 신은 신국 없이는 영광스러울 수 없다는 아우구스티
누스에서 유래한다. 신국이 없다면 신을 영광스럽게 할 수 있는 피

조물들이 없다.

86 《형이상학론》§35에서 신은 인격이나 이성적 실체의 수장과 절대 군주 국가의 군주로 비유된다. 신은 선을 명시하기 위해 합리적이고 도덕적인 존재가 필요하며 자신의 지혜와 덕으로 다스릴 나라가 필요하다. 신은 동물의 삶보다는 인간의 삶을 원하므로 공화국에서 가장 계몽되고 정의로운 인간과 동일한 이성과 감정을 지닐 것이다.

87 이미 작용원인과 목적원인으로서 최종원인 사이에는 조화가 설정되었다. 작용원인은 자연의 물리적 영역에 미치고 최종원인은 은총의 도덕적 영역에 작용한다. 우주기계의 건축가로서의 신은 물리적 영역에 있고 정신들의 군주로서의 신은 도덕적 영역에 있어서, 각각 자연과 은총으로 작용한다.

88 생명체가 살 수 없는 다른 별이 아니라 지구에서 산다는 것은 다행스러운 일이다. 이것은 은총의 영역과 자연의 영역에 대해 타당하다. 작용원인과 최종원인이 동일한 결과를 산출하기 위해 라이프니츠의 기독교와 플라톤주의 사이에 깊은 긴장이 도사리고 있다.

기독교 세계는 최후심판이 있지만 플라톤의 우주는 주기적이고 후속적이다. 라이프니츠는 지구는 주기적으로 파괴될 것이지만 각 기간은 이전 기간보다 나을 것이라고 본다. 만약 우주가 절대적으로 완전해진다면 우주는 신 자신에 의해 붕괴될 것이고, 자연의 역학 법칙은 순수하게 지구를 파멸로 이끌고 갈 것이지만, 신국의 도덕 법칙에는 어떤 자에게는 벌을 주고 어떤 자에게는 상을 주는 질서가 있다.

89 창조자로서 신은 상과 벌을 결정하시지만 상과 벌을 직접적으로 주실 필요는 없다. 이는 인간이 느낄 수 없을 정도로 만사가 적절하게 겹쳐 있기 때문이다.

90 스피노자의 경우처럼 선한 삶은 타자와의 관계에서 측정되는 것이

아니라 신과의 관계에서 측정된다. 신은 만물이 모든 개별자로 하여금 최선이 되도록 순수하게 의지하신다. 신이 각 개별자가 현실적 우주 창조에서 가능한 최상의 상태에 이르도록 공평하게 의지하시는 것은 궁극적으로 신의 순수하고 공평한 사랑에 기인한다. 그러나 유한한 인간 존재는 신과 동일한 계산을 할 수 없다. 그렇기 때문에 그것은 여전히 비밀로 남는다. 스피노자처럼 라이프니츠도 스토아학파의 영향으로 신적인 예정으로 통치되는 세계는 피조물의 불행과 행복이 전체 선에 무차별적으로 작용한다고 믿는다.

인간이 사물을 잘 이해한다면 현재 세계가 모든 가능한 세계 가운데 최상의 세계라는 사실을 안다. 인간이 신의 의지에 자신을 맞추면 현재 세계는 일반적으로 최상의 가능한 세계일 뿐 아니라 특별히 인간 자신에게도 최상의 가능한 것이 된다.《형이상학론》§36에 따르면, 신은 정신인 한에서 존재의 원천이므로 고귀한 정신들의 본질을 통해 더 많은 영광을 얻고 신의 도덕적인 성향으로 말미암아 인간화한다. 신의 지혜는 우리의 모든 머리카락을 다 헤아릴 정도이므로, 로고스가 우리를 구원하여 변화되기 이전에 하늘과 땅이 먼저 없어지리라는 것이다.

해제

1 G. W. Leibniz, "Brief an N. Remond," Werner Wiater (Hrsg.· Übers.), Philosophische Schriften, vol. 2(Darmstadt : Wissenschaftliche Buchgesellschaft, 1989), 320~323쪽.

2 〈이성에 근거한 자연과 은총의 원리〉 §12 ; 〈모나드론〉 §57.

3 Ludwig Wittgenstein, Tractatus logico-philosophicus(Frankfurt a. M.

: 1969), 6371~6372, 6379쪽.

4 〈이성에 근거한 자연과 은총의 원리〉 §18. 사물이 가진 최상의 조화
에 깃들어 있는 복합적인 대상을 한순간에 힐끗 집중하여 봄으로써
그 부분에서 기쁨을 느낀다. "끊임없는 새로움과 전진이 없이는 사
고도 기쁨도 없기" 때문이다. G. W. 라이프니츠, 《철학자의 고백》,
배선복 편역 (울산대학교출판부, 2002), 137쪽 참조.

5 일중일체다중일一中一切多中一은 하나 속에 모두가 있고 여럿 속에
하나가 있다는 뜻이다. 일즉일체다즉일一卽一切多卽一은 하나가 모
두이고 모두가 하나라는 뜻이다.

라이프니츠, G. W., 《철학자의 고백》, 배선복 편역(울산대학교출판부, 2002)

'신의 정의와 인간의 자유에 관한 한 편의 대화'라는 부제를 달고 있는 이 책의 문제의식은 훗날 《변신론》 저술의 토대가 되었다. 그 때문에 《철학자의 고백》이 첫 번째 《변신론》으로 불리기도 한다. 신의 정의란 모든 인간을 사랑하는 것이다. 그런데 어떤 인간은 신에게 더 사랑받고 어떤 인간은 덜 사랑받았다. 이 경우 과연 신은 정의로운가 하는 질문이 생길 수 있다. 이 책은 신을 향한 사랑과 미움의 근원이 동일하다고 역설하기 때문에 신을 사랑하는 낙관론과 미워하는 비관론의 근거의 두께가 무엇인지를 일깨우게 한다.

라이프니츠, G. W., 《라이프니츠가 만난 중국》, 이동희 엮고 옮김(이학사, 2003)

이 책은 라이프니츠가 스스로 편집한 《최신 중국 소식》을 비롯해 예수회 중국 선교사들과 주고받은 중국 관련 서신들을 선별해서 번역한 것이다. 영어와 독일어 자료를 토대로 우리말로 옮겼는데 자세한 각주는 편역자가 많은 자료와 씨름하며 공을 기울였다. 헤겔 전공자의 라이프니츠와 동양 사상에 대한 학문적 이해의 결실을 보여준다.

박상환, 《라이프니츠와 동양사상》(미크로, 2005)

저자는 비교철학의 관점에서 라이프니츠 철학과 동서양이 공존하는 길을 고찰했다. 1부 중국과 서양의 조우, 2부 라이프니츠와 중국 철학, 3부 비교철학의 자기성찰 순서로 구성하였다. 이 책의 특징과 장점은 2부에서 전개한 라이프니츠와 유기체 철학의 연관관계를 해명한 부분에 있다. 저자의 문제의식은 비교철학의 남은 몫은 '낯선 것'을 배제하는 것이 아니라 '공존하기 위한 사회적 실천'임을 강조하는 데 있다.

배선복, 《라이프니츠의 삶과 철학세계》(철학과현실사, 2007)

라이프니츠의 철학체계는 다양한 전문 분야의 전문가들과 함께 교류하며 이루어졌기 때문에 비체계적이다. 1부에서는 라이프니츠의 삶의 궤적과 사상, 2부에서는 라이프니츠 철학의 몇몇 원칙을 해석하였다. 2부의 마지막 절은 20세기 초 라이프니츠가 현대 유럽 철학의 태동에 끼친 영향, 라이프니츠와 비유럽 철학의 관계와 라이프니츠의 꿈을 서술하였다.

백종현, 《서양근대철학》(철학과현실사, 2003)

이 책은 서양 철학사의 맥락을 짚어나가는 데서 한 사람의 역량이 다수의 역량보다 못하지 않음을 보여준다. 일관되고 체계적인 근대철학이나 교양철학을 공부하는 학생들에게 일독을 권한다. 철학이라고 하면 어려워서 회피하려 하기 십상이지만 문맥을 자세히 들여다보면 칸트와 헤겔을 중심으로 현대 철학이 헤겔 철학에 대한 반동에서 비롯되었다는 시각을 진지하게 드러내고 있다.

이정우, 《접힘과 펼쳐짐 ─ 라이프니츠, 현대과학, 易》(거름, 2000)

저자는 자유사상가로서 이 책에서 동서고금을 종횡무진 누빈다. 몇몇 현대 프랑스 철학자들의 시각으로 라이프니츠를 재구성해 풀이했다. 논의의 폭이 광범위하므로 독자 스스로가 자유로워야 받아들이기 쉬울 것이다.

라이프니츠, G. W. 외, 《라이프니츠와 클라크의 편지》, 배선복 옮김(철학과현실사, 2005)

이 책은 뉴턴의 사주를 받은 클라크와 라이프니츠가 주고받은 다섯 통의 편지글을 담고 있다. 자연작품을 수시로 고쳐 자연과정에 간섭하는 신을 주장한 뉴턴에 대해 라이프니츠는 자연신학의 파괴와 사물과 인간성에서 도덕의 퇴락을 경고한다. 라이프니츠는 애초부터 신의 숙고의 지혜와 능력은 자연이 불완전 상태로 떨어지지 않도록 배려했다고 본다.

배선복, 《라이프니츠의 바로크 기획과 동서비교철학》(이담, 2011)

들뢰즈의 바로크 기획을 분석하고 동서비교철학을 소개했다. 들뢰즈는 질료와 영혼이 상하로 거주하는 모나드의 집에 경험론과 합리론을 유화하는 바로크 기획이 있다고 한다. 모나드 집은 조화로운 오케스트라 음악을 연주하는 곳이다. 이 책은 라이프니츠와 바로크의 귀족여성들, 철학자들, 자연관찰 실험실의 과학자들과의 학문적 교류활동 그리고 예수회 선교사들과의 동서비교철학 활동을 토대로 바로크 기획의 밑그림을 제시한다.

배선복jaengol@hanmail.net

강원도 삼척에서 태어나 삼척초등학교 삼척중학교 삼척고등학교를 마치고 숭실대 철학과를 졸업했다. 독일 뮌스터 대학으로 유학을 떠나 하인리히 쉐이퍼스 교수의 지도 아래 중세논리학과 프레게, 비트겐슈타인 등을 공부하고 〈현대논리학에 관점에서 본 라이프니츠의 관계이론의 해명〉으로 M. A를 하였다. 하나님의 이름에 대한 아퀴나스의 사상을 내면화하였던 하이데거의 제자인 하인츠 횔스만 교수에게서 상호문화철학과 테크놀로지 철학을 공부하였다. 한스 불르멘베르크 교수에게서 〈동굴의 비유〉, 〈후설, 하이데거, 비트겐슈타인〉 등을 청강하다가 오스나부르크 대학의 볼프강 렌쩬 교수에게서 〈라이프니츠의 형이상학과 논리학에서 개인의 개념〉으로 Ph. D를 하였다. 《라이프니츠의 삶과 철학세계》, 《근대동서존재론의 최종근거》, 《라이프니츠의 바로크 기획과 동서비교철학》, 《요하네스 케플러의 과학과 신앙의 SNS》, 《동서만남의 주어들》 등을 집필했다. 《철학자의 고백》, 《라이프니츠와 클라크의 편지》, 《종교논리학》, 《논리학의 역사》, 등을 번역하였다. 〈천국천사의 수학〉, 〈케플러의 천구음악〉, 〈'문화적' 소수: 2, 3, 5〉, 〈라이프니츠와 뉴턴의 미적분우위논쟁〉, 〈Leibniz's Arithmetization of Aristotle's Syllogistic Focusing on + - Quantification Strategy〉등의 논문을 썼다. 10군데 이상의 국내대학에서 학생들에게 철학과 논리학을 가르치다가 지금은 용산의 모나드 연구소에서 철학연구에 매진하면서 모나드 출판사에서 자연과학, 인문학, 사회과학을 통섭하는 책을 만들고 있다.

모나드론 외

초판 1쇄 발행 2007년 10월 25일
개정 1판 2쇄 발행 2015년 7월 15일
개정 2판 1쇄 발행 2019년 11월 30일
개정 2판 3쇄 발행 2025년 1월 15일

지은이 G. W. 라이프니츠
옮긴이 배선복

펴낸이 김준성
펴낸곳 책세상
등록 1975년 5월 21일 제2017-000226호
주소 서울시 마포구 월드컵로23길 38, 2층(04011)
전화 02-704-1250(영업) 02-3273-1334(편집)
팩스 02-719-1258
이메일 editor@chaeksesang.com
광고·제휴 문의 creator@chaeksesang.com
홈페이지 chaeksesang.com
페이스북 /chaeksesang **트위터** @chaeksesang
인스타그램 @chaeksesang **네이버포스트** bkworldpub

ISBN 979-11-5931-404-9 04160
    979-11-5931-221-2 (세트)